NÄH DOCH EINFACH!

MEINE LIEBLINGS-HOSEN *nähen*

ONLINE-VIDEOS UND SCHNITTMUSTER

Die Videos zu diesem Buch stehen in deiner Digitalen Bibliothek unter **www.topp-kreativ.de/digibib** nach erfolgter Registrierung zum Anschauen bereit. Die Schnittmuster kannst du in der Digitalen Bibliothek downloaden. Den Freischaltcode findest du im Impressum.

Dieses Symbol zeigt dir, wo ein Video zur Verfügung steht.

SEW SIMPLE

NÄH DOCH EINFACH!

MEINE LIEBLINGS-HOSEN *nähen*

MIT STEP-FOTOS UND VIDEO-ANLEITUNGEN
ZU JEDEM MODELL IN GRÖSSE 32-60

SABINE SCHMIDT

NEUE SCHNITTMUSTER IN SICHT!

Deine **LIEBLINGSHOSEN** für jede Gelegenheit ganz einfach selber nähen – ist das nicht ein zauberhafter Gedanke? Du machst dich damit nicht nur unabhängig von Moden, Trends und Meinungen. Auch der Hosenkauf mit all dem ziellosen Kramen an den Kleiderständern, dem hektischen Hantieren in der Umkleide und dem Abenteuer, überhaupt etwas in der passenden Größe zu finden, ist ab sofort Geschichte. Jetzt kannst du alles, was du gerne trägst, selber nähen. Du wählst selbst, aus welchen **STOFFEN** und **FARBEN** du deine neue Hose nähst.
Einige Modelle in diesem Buch bieten dir außerdem **VARIATIONSMÖGLICHKEITEN**. Für **KURZE UND LANGE GRÖSSEN** gibt es Linien zum Kürzen oder Verlängern in den Schnittmustern. Damit deine Hosen genau so **SITZEN** und **PASSEN**, wie sie sollen.
Im Sinne der **CAPSULE WARDROBE** kannst du die Hosen aus diesem Buch fantastisch mit den Oberteilen aus „Meine Lieblings-Oberteile nähen" (TOPP 27037) **KOMBINIEREN**. Eine knackige Radler Mavis mit Racerback-Top zum Sport, die raffinierte Wickelhose Kian mit der Raglan-Bluse oder Paperbag-Culotte Rumi mit einem schmalen Ringelshirt.

Das alles ist nicht nur **EINFACH** (und) **MACHBAR** – es macht auch superviel Spaß, weil das Nähen stressfrei ist. Alle Anleitungen sind so aufgebaut, dass du auch als etwas ungeübter Nähfan großartige Erfolge feiern kannst. Ich wünsche dir viel Spaß mit diesem Nähbuch.
Happy Simple Sewing!

Deine Sabine

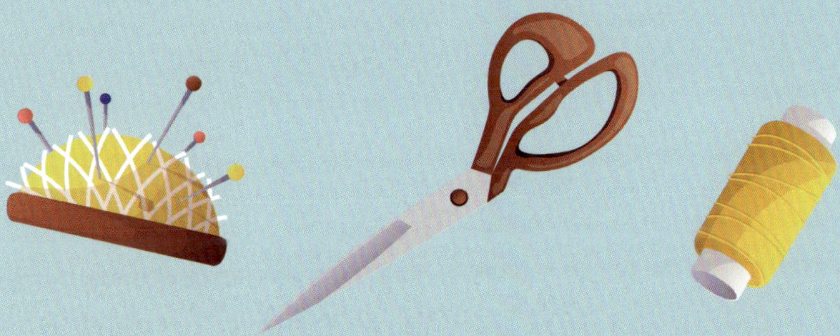

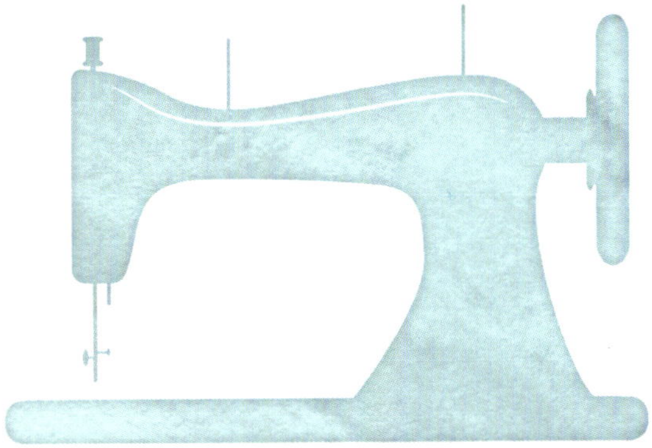

Bree

Lässiger Partner zum Workout oder Chillen: Die bequeme JOGGPANTS Bree ist LOCKER GESCHNITTEN und lässt dir enorme BEWEGUNGSFREIHEIT. Genäht wird sie aus angenehm softem Sweatstoff oder aus French Terry. Zusammen mit einem edlen Shirt und einem Blazer ist Bree durchaus auch GESELLSCHAFTSFÄHIG.

Größe: 32-60

Passform: locker

Näh-Level: mittel

DAS BRAUCHST DU

- Sweat oder French Terry, 140 cm breit

Größe	32	34	36	38	40	42	44	46	48	50	52	54	56	58	60
Verbrauch in m	1,25	1,30	1,30	1,35	1,35	1,45	1,55	1,95	1,95	2,00	2,25	2,25	2,30	2,30	2,35

- Gummiband, 5 cm breit, Länge siehe Hinweis
- Gummiband, 4 cm breit, Länge siehe Hinweis
- Hoodiekordel, 5 mm breit, 2 m
- 2 Kordelstopper, ø 5 mm
- Vlieseline H250, Rest
- farblich passendes Nähgarn
- Nähmaschine und/oder Overlock

Hinweis: Bestimme die passende Länge des Gummibands, indem du das Gummiband leicht gedehnt um Taille oder Knöchel legst. Es sollte so straff sein, dass du es als angenehm empfindest. Miss die Länge und füge jeweils 2 cm Nahtzugabe hinzu.

ZUSCHNITT

Die Schnittmuster enthalten 1 cm Nahtzugabe und 4 cm Saumzugabe.

- 2x Vorderhose gegengleich
- 2x Hinterhose gegengleich
- 1x Bund im Stoffbruch
- 4x Tasche, je 2x gegengleich

SCHNITTMUSTERBOGEN 1A | 1B

SARINA TRÄGT BREE IN GRÖSSE 36.

Größe 32-48

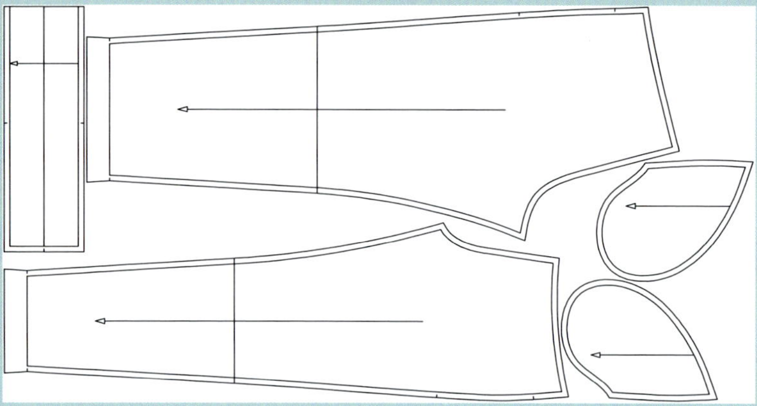

Größe 50-54

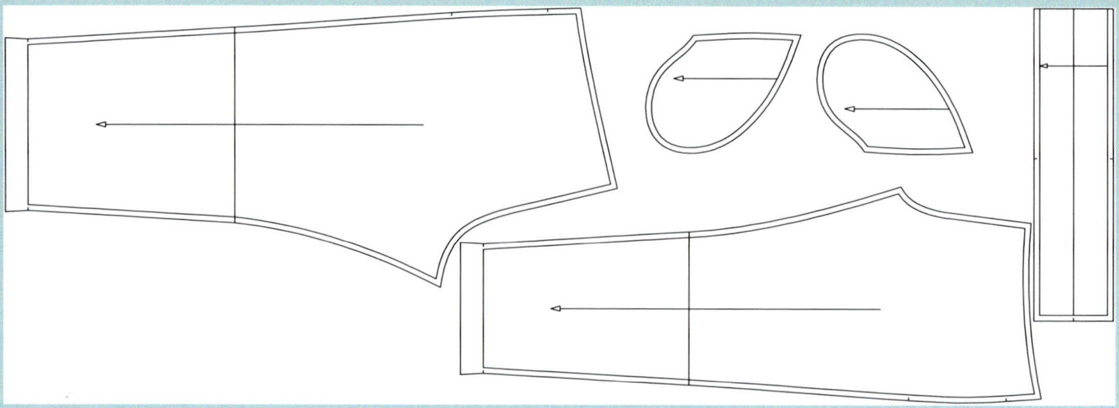

Größe 56-60

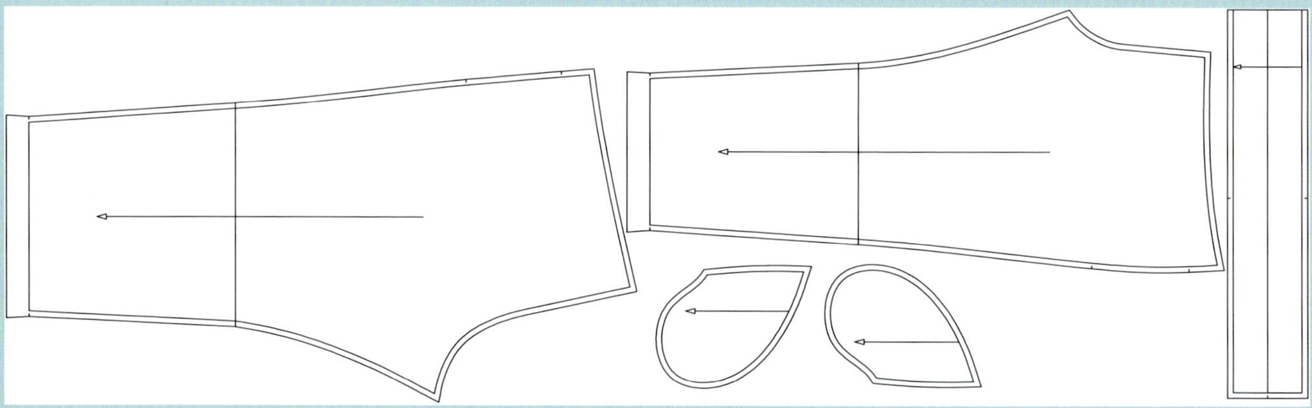

SO WIRD'S GEMACHT

1

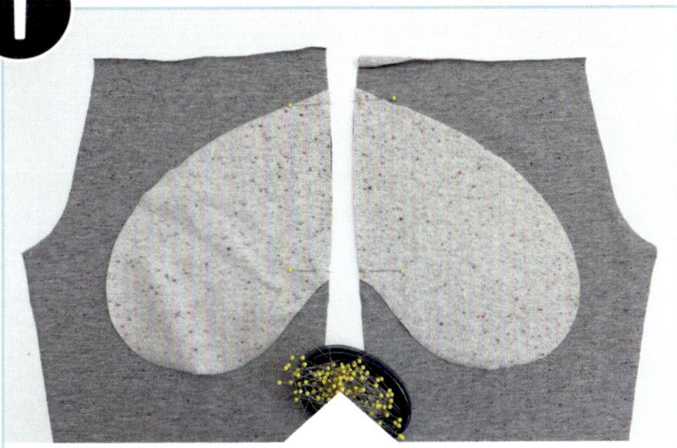

Stecke die Taschenteile markierungsgemäß rechts auf rechts bündig an die Seitenkanten von Vorder- und Hinterhose. Die Taschenteile ragen dabei oben und unten 1,5 cm über die Markierung hinaus.

2

Nähe die Taschenteile mit 1 cm Nahtzugabe zwischen den Markierungen an. Ich verwende einen elastischen Geradstich.

3

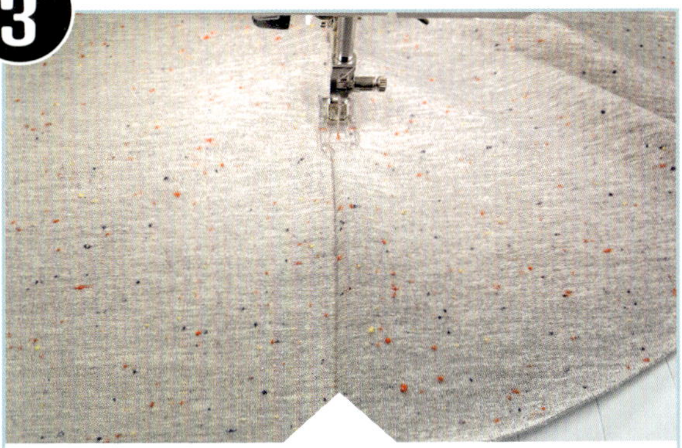

Klappe die Taschenteile um, lege die Nahtzugaben in Richtung der Taschen und bügle die Naht aus. Steppe den Taschenbeutel zwischen den Markierungen 3 mm von der Naht entfernt mit einem elastischen Stich auf die Nahtzugabe; oben und unten lässt du 1,5 cm frei.

Wenn deine Steppnähte wellig werden, kannst, du den Nähfußdruck etwas verringern. Probiere das vorab an einem Stoffrest aus.

4

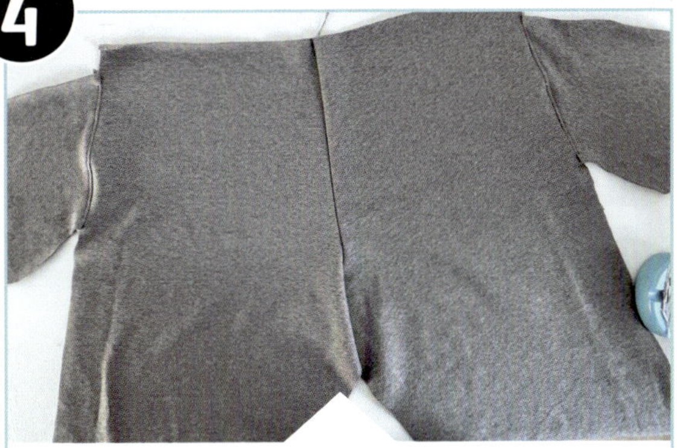

Stecke die Vorderhosenteile an den Schrittkanten bündig rechts auf rechts. Nähe die Schrittkanten mit der Overlock oder einem elastischen Stich deiner Nähmaschine zusammen. Wiederhole den Schritt an der Hinterhose.

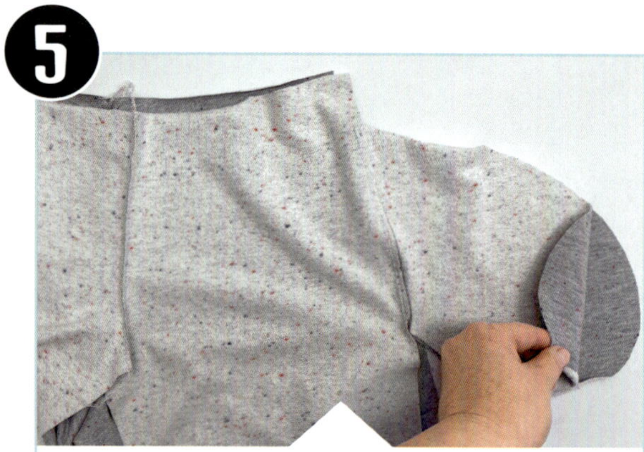

Stecke Vorder- und Hinterhose an den Seitenkanten bündig rechts auf rechts. Die Markierungen der Taschenbeutel treffen dabei genau aufeinander.

Schließe die Seitennähte mit einem elastischen Stich (z. B. einem schmalen Zickzackstich) mit 1 cm Nahtzugabe. An der ersten Taschenmarkierung lässt du die Nadel im Stoff, hebst den Nähfuß, drehst den Stoff um 90 Grad, senkst den Fuß und nähst im rechten Winkel zurSeitennaht weiter zur Tasche. Nähe die Kanten der Taschenbeutel mit 1,5 cm Nahtzugabe bis zur zweiten Markierung.

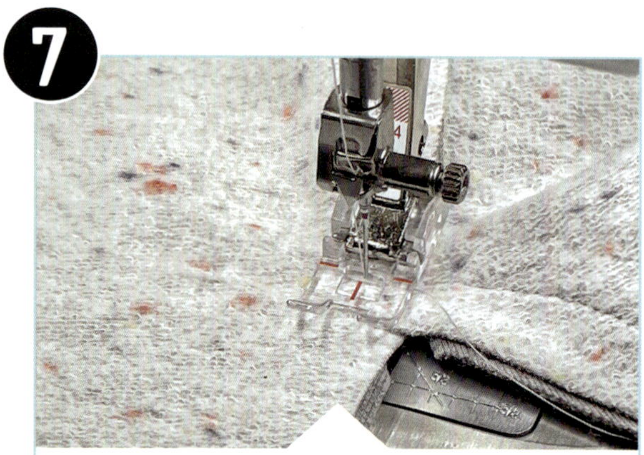

Lass die Nadel im Stoff, richte den Stoff neu aus und schließe die restliche Seitennaht mit 1 cm Nahtzugabe.

So sollte es jetzt aussehen.

9

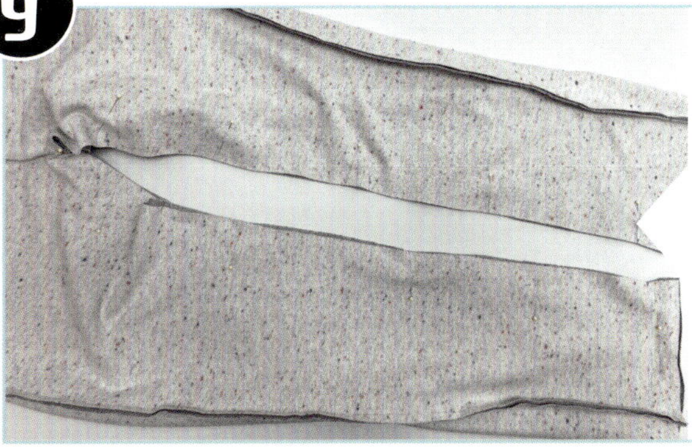

Stecke die Innenbeinkanten bündig rechts auf rechts. Nähe sie mit einem elastischen Stich oder mit der Overlock zusammen.

10

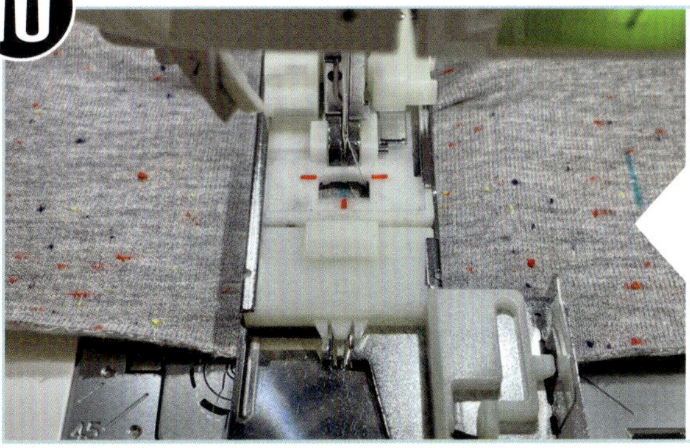

Verstärke am Bund die Knopflochpositionen auf der linken Stoffseite jeweils mit einem Stück Bügelvlies. Nähe die beiden Knopflöcher. Öffne anschließend die Knopflöcher vorsichtig mit einem Nahttrenner. Stecke dazu vorher am hinteren Ende des Lochs eine Nadel quer, damit du nicht die Naht versehentlich durchtrennst.

11

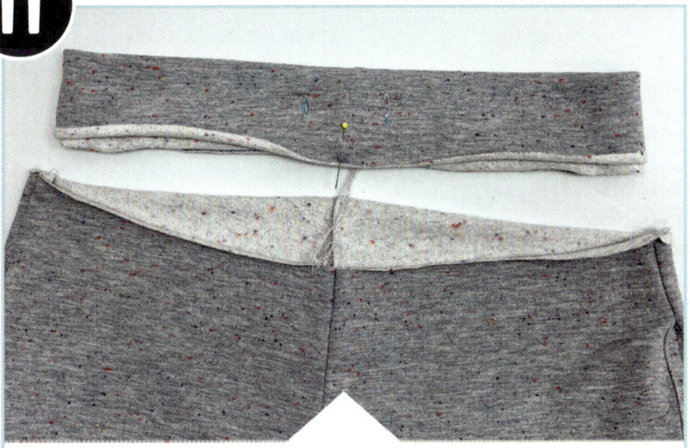

Nähe den Bund an den kurzen Kanten zu einem Ring zusammen. Falte den Bund längs links auf links.

12

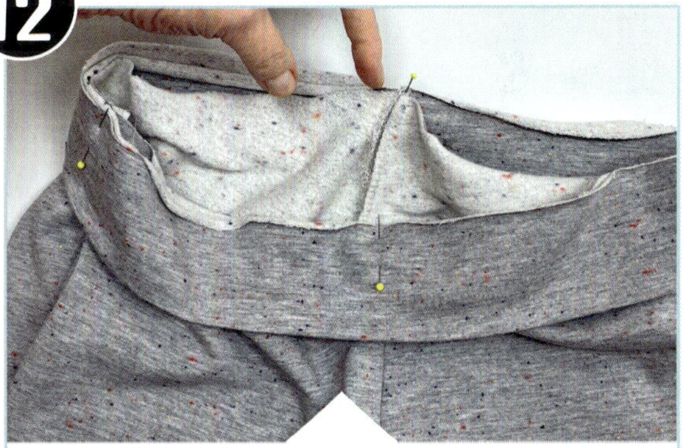

Markiere an Bund und Hosenoberkante die vordere und hintere Mitte sowie am Bund die Seitenkanten mit Stecknadeln. Stecke den Bund mit der später nach außen zeigenden Seite (die Seite mit den Knopflöchern) an die Oberkante der Hose; dabei treffen die Stecknadelmarkierungen aufeinander und die Knopflöcher liegen rechts und links der vorderen Schrittnaht.

13

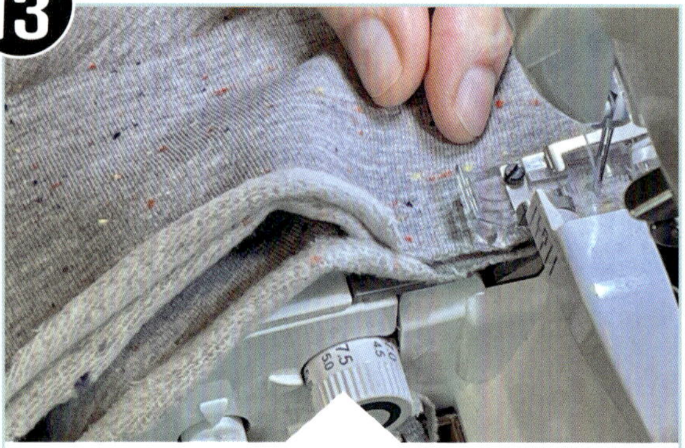

Nähe den Bund mit der Overlock an, lass dabei hinten eine 5 cm lange Öffnung. Damit sich die Naht nicht wellt, kannst du das Differenzial auf „Einhalten" stellen. Eine leichte Kräuselung von 1,3 funktioniert bei den meisten Ovis sehr gut.

14

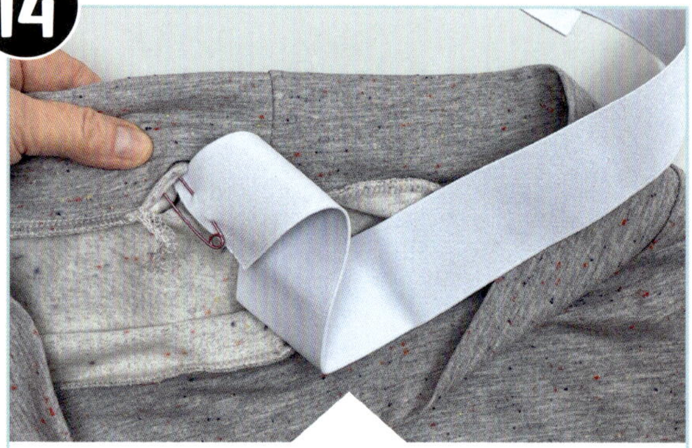

Schneide das breite Gummiband passend zurecht und gib 2 cm Nahtzugabe zu. Ziehe das Gummi mithilfe einer Sicherheitsnadel in den Tunnel. Achte darauf, dass sich das Band nicht verdreht.

Sichere das freie Ende mit einer Sicherheitsnadel, damit es nicht versehentlich komplett im Tunnel verschwindet.

15

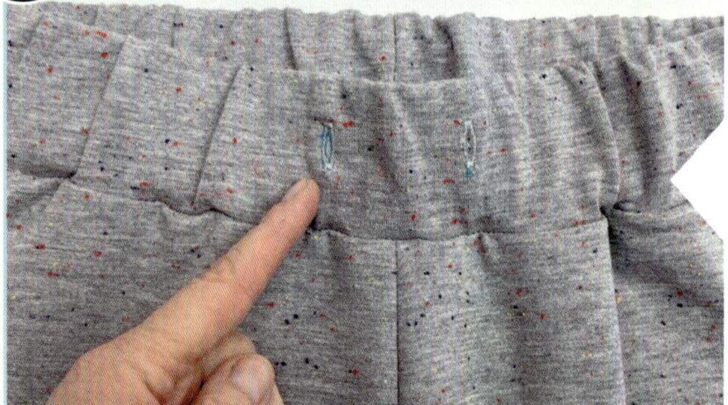

Nähe die Gummibandenden mit einem schmalen Zickzackstich und 1 cm Nahtzugabe zusammen. Schließe die Öffnung im Bündchen mit der Overlock oder einem elastischen Stich deiner Nähmaschine. Verteile den Stoff gleichmäßig am Gummiband. Steppe den Bund 1,5 cm von der oberen Kante entfernt und 1,5 cm über der Bündchennaht jeweils mit einem elastischen Stich ab.

Ein Dreifach-Geradstich oder ein schmaler Zickzack ist perfekt für diese Naht. Auch ein kurzer Geradstich mit einer Stichlänge von 1–1,5 funktioniert gut.

16

Ziehe die Hoodie-Kordel in den Tunnelzug ein. Probiere die Hose und passe die Länge der Kordel an. Wenn sich die Enden der Kordel aufspleißen, kannst du sie mit etwas Washi Tape sichern. Fädle die Kordelstopper auf die Kordelenden.

DEN HOSENSAUM KANNST DU MIT ODER OHNE GUMMIZUG NÄHEN.

Mit diesen Lieblingsoberteilen aus TOPP 27037 kannst du Bree kombinieren: Racerback-Top Sisco, Sweater Sawa, Shirt Arlett und Hoodie-Pullunder Ennis.

17

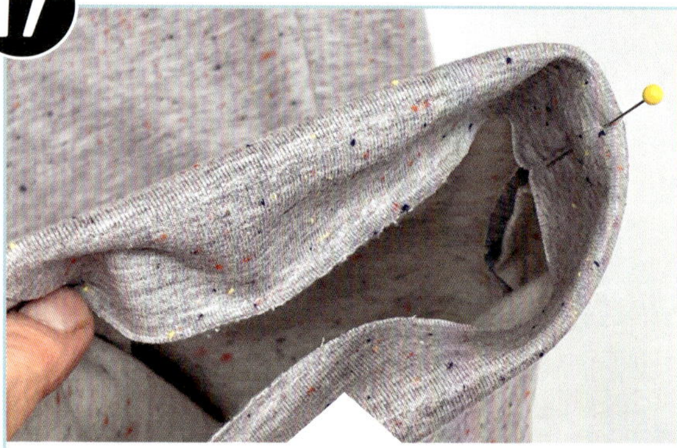

Klappe den Saum an der Markierung nach innen um und stecke ihn fest. Probiere die Hose an. Passe die Länge an, indem du den Saum etwas weiter umklappst oder einkürzt.

Trage bei der Anprobe Schuhe mit einer Absatzhöhe, wie du sie auch zur fertigen Hosen tragen möchtest.

18

Nähe den Saum mit einem elastischen Stich an. Lass dabei eine 3 cm lange Öffnung, wenn du ein Gummiband einziehen möchtest. Optional kannst du den Saum komplett annähen und die Hose ohne Saumgummi tragen.

19

Schneide vom schmalen Gummiband 2 Stücke so zurecht, dass sie je nach Dehnbarkeit etwa ein Drittel kürzer sind als die Beinöffnung.

20

Ziehe das Gummiband mit einer Sicherheitsnadel in den Saum ein. Nähe die Gummibandenden mit einem elastischen Stich zusammen. Schiebe das Gummi in den Tunnel und schließe die Öffnung.

Schau mal hier,

Sabine trägt Bree in Größe 48 zu Sweater Sawa.

Varianten

Du kannst anstelle der Knopflöcher auch einfach zwei Ösen einschlagen. Alternativ kannst du auf die Kordel im Taillenbund ganz verzichten.
Das Gummiband in den Beinsäumen ist ebenfalls optional. Die Hose ist eher schmal geschnitten und sieht auch mit glattem Saum super aus.
Du kannst die Pants auch aus Jersey nähen. Dann solltest du aber eine oder zwei Größen kleiner wählen.

Kian

Ohne viel Aufwand bekommt die **LOCKERE HOSE** mit dem „**GEWICKELTEN" VERSCHLUSS** einen raffinierten Hingucker. Was so aufwendig aussieht, ist blitzschnell genäht. Für einen zweiten Hingucker kannst du übrigens sorgen, indem du Kian einen besonders schönen, witzigen, glitzernden oder **EXTRAVAGANTEN KNOPF** spendierst. Lass deiner Kreativität freien Lauf.

Größe: 32-60

Passform: locker

Näh-Level: easy

DAS BRAUCHST DU

- Stretch-Denim, Stretch-Cord, dehnbarer Canvas oder andere elastische Webware, 140 cm breit

Größe	32	34	36	38	40	42	44	46	48	50	52	54	56	58	60
Verbrauch in m	1,25	1,30	1,30	1,30	1,50	1,70	1,80	1,80	1,85	1,95	2,15	2,25	2,30	2,35	2,40

- 1 Knopf, ø 2 cm
- 1 Druckknopf zum Aufnähen (optional)
- farblich passendes Nähgarn
- Nähmaschine
- Overlock (optional)

ZUSCHNITT

Die Schnittmuster enthalten 1 cm Nahtzugabe und 2 cm Saumzugabe.

- 2x Vorderhose gegengleich
- 2x Hinterhose gegengleich
- 1x vorderer Beleg im Stoffbruch
- 1x hinterer Beleg im Stoffbruch

SCHNITT MUSTER BOGEN 1A | 1B

SARINA TRÄGT KIAN IN GRÖSSE 36

Größe 32-40

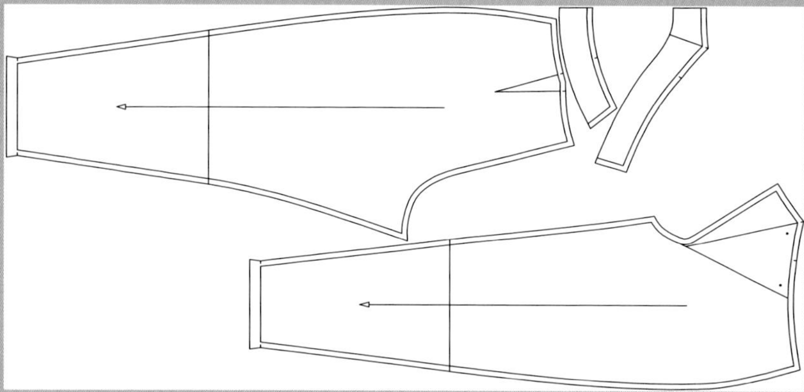

Größe 42-50

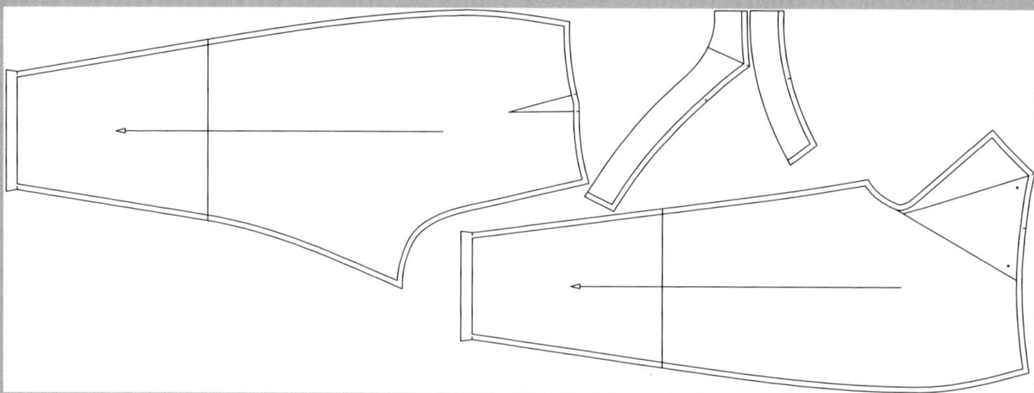

Größe 52-60

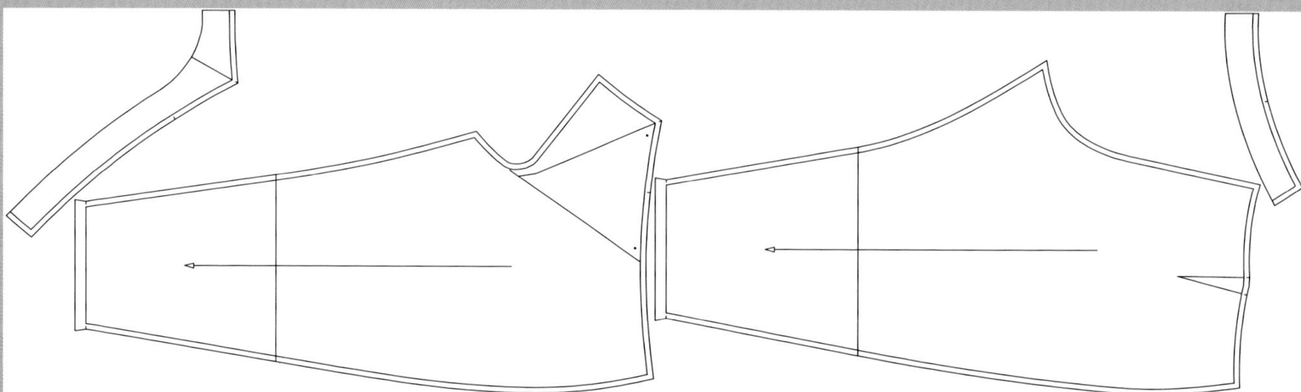

SO WIRD'S GEMACHT

1

Übertrage an den beiden Hinterhosenteilen die Markierungen für die Abnäher auf die linke Stoffseite. Falte die Abnäher rechts auf rechts, sodass sich die Linien genau treffen, und fixiere die Stofflagen mit Stecknadeln.

An der Abnäherspitze steckst du eine Nadel quer, damit du weißt, wo der Abnäher endet. Damit die Abnäherschenkel genau aufeinandertreffen, steckst du eine Nadel längs durch beide Markierungslinien.

2

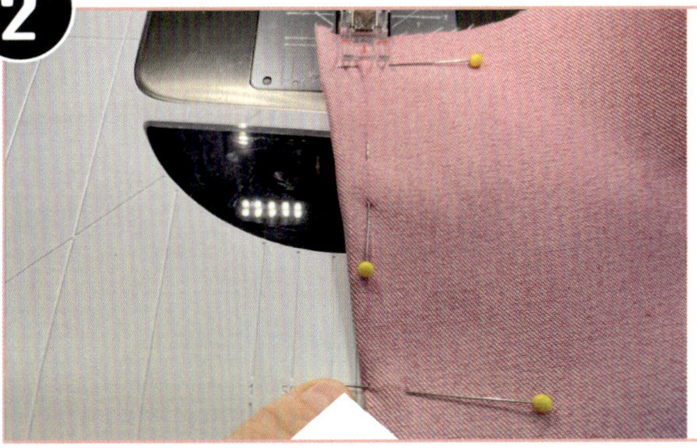

Nähe die Abnäher entlang der Markierung. An der Abnäherspitze nähst du an der quer gesteckten Nadel vom Stoff runter und machst ein paar Stiche darüber hinaus. So verschlingen sich Ober- und Unterfaden miteinander, sodass du die Fäden nicht vernähen musst.

3

Stecke die Hinterhosenteile an den Schrittkanten rechts auf rechts und schließe die Schrittnaht mit Geradstich.

4

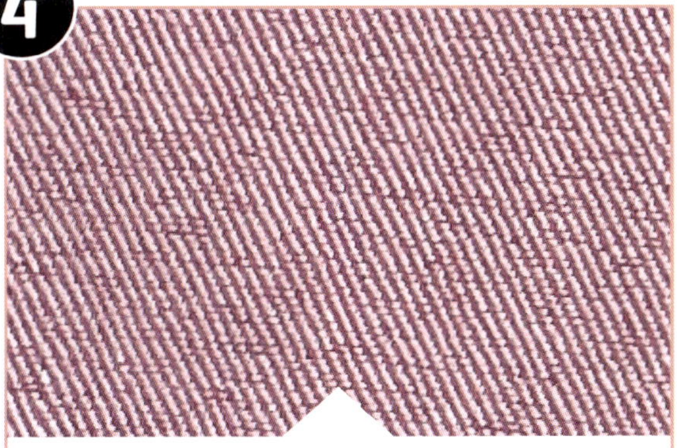

Stecke die beiden Vorderhosenteile im Schrittbereich bündig rechts auf rechts. Nähe die Teile entlang der im Foto eingezeichneten Linie zusammen. Die obere kurze Kante bleibt zunächst offen.

5

Stecke Vorder- und Hinterhose an den Seiten- und Innenbeinkanten bündig rechts auf rechts und schließe Seiten- und Innenbeinnaht mit Geradstich. Versäubere die Nahtzugaben.

6

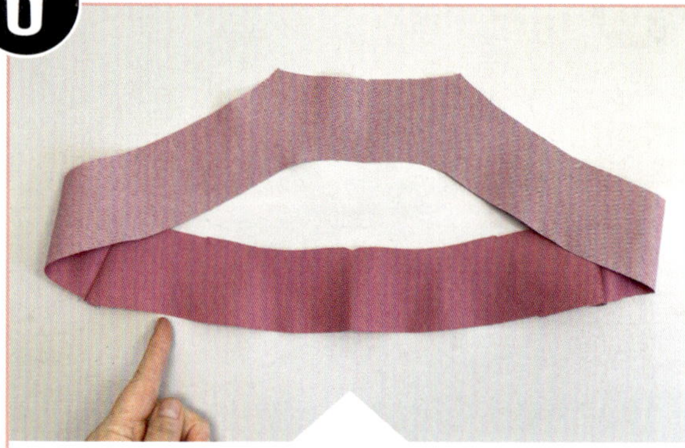

Stecke die beiden Belegteile an den kurzen Kanten rechts auf rechts und schließe die Nähte mit Geradstich. Versäubere die untere Kante mit der Overlock oder einem Versäuberungsstich deiner Nähmaschine.

7

Stecke den Beleg mit der nicht versäuberten Kante rechts auf rechts an die Oberkante der Hose. Die vordere Mitte des Belegs trifft auf die Schrittnaht der Vorderhose, die Nähte auf die Seitennähte. Klappe die Abnäher in der Hinterhose zur hinteren Schrittnaht.

8

Nähe den Beleg rundherum mit Geradstich und 1 cm Nahtzugabe an. Kürze die Nahtzugaben an den vorderen Ecken etwas ein und bügle die Naht gut aus.

9

Klappe die Nahtzugaben in Richtung Beleg und steppe den Beleg knappkantig auf der Nahtzugabe fest. Das Untersteppen verhindert, dass der Beleg beim Tragen nach außen klappt. Zusätzlich kannst du den Beleg mit einigen Stichen in den Schritt- und Seitennähten fixieren.

10

Falte die vordere Kante markierungsgemäß am Umbruch …

11

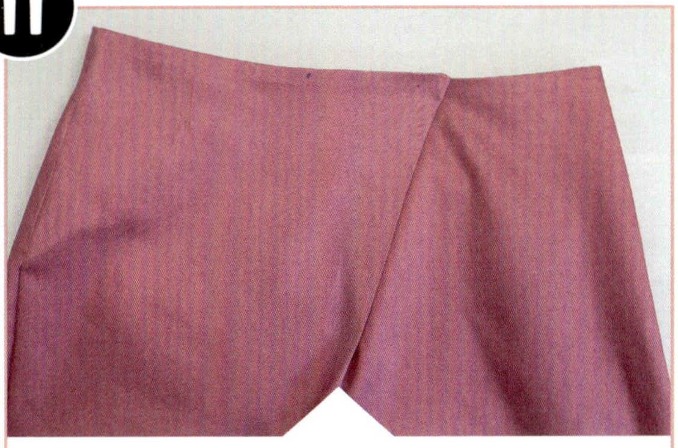

… und klappe den Umbruch zur Markierung in der Vorderhose.

12

Fixiere den Zipfel durch alle Stofflagen mit einer Stecknadel.

13

Nähe markierungsgemäß ein Knopfloch, das für deinen Knopf passt. Nähe anschließend den Knopf an der entsprechenden Markierung an.

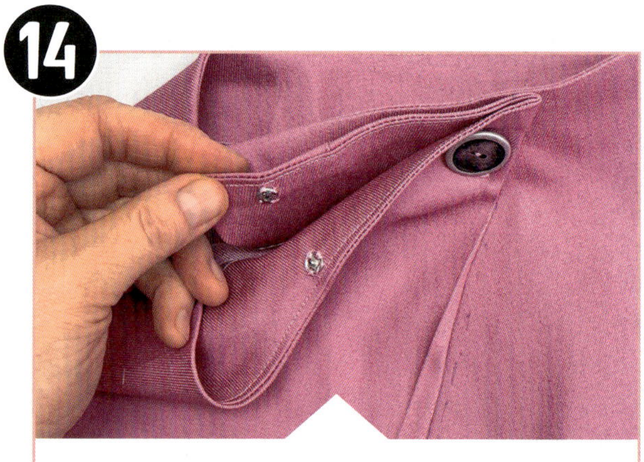

Optional: Wenn du möchtest, kannst du an der zweiten Knopflochposition zwischen den beiden Lagen des Zipfels einen Druckknopf aufnähen.

Versäubere die Hosensäume, klappe sie an der Markierung zur linken Stoffseite um und steppe sie mit Geradstich fest.

Mit diesen Lieblingsoberteilen aus TOPP 27037 kannst du Kian kombinieren: Shirt Yola, Bluse Rosario, Shirt Arlett, Sweater Sawa, Zipfelshirt Quinn und Hoodie-Pullunder Ennis.

Nicole trägt KIAN in Größe 42

Yanis

Diese Hose ist Rock 'n' Roll: Ganz **OHNE VERSCHLUSS** und Aufwand verpasst die lässige **SCHLAGHOSE** jedem Outfit eine gehörige Portion **GLAMOUR**. Genäht wird sie aus festem Romanit, der dafür sorgt, dass die Hose **SITZT**, wie sie sitzen soll.

Größe: 32-60

Passform: körpernah

Näh-Level: easy

DAS BRAUCHST DU

- Romanit-Jersey, Stretch-Twill oder anderer fester und dehnbarer Hosenstoff, 140 cm breit

Größe	32	34	36	38	40	42	44	46	48	50	52	54	56	58	60
Verbrauch in m	1,30	1,30	1,30	1,30	1,30	1,45	1,90	1,95	2,00	2,15	2,25	2,25	2,35	2,45	2,50

- Gummiband, 5 cm breit, Länge siehe Schritt 10 (optional)
- Nähmaschine
- Overlock (optional)

Hinweis: Wenn dein Stoff etwas weicher ist, kannst du für einen guten Sitz ein Gummiband in den Bund einziehen (siehe Schritt 10).

ZUSCHNITT

Die Schnittmuster enthalten 1 cm Nahtzugabe und 2 cm Saumzugabe.

- 2x Vorderhose gegengleich
- 2x Hinterhose gegengleich
- 1x vorderer Beleg im Stoffbruch
- 1x hinterer Beleg im Stoffbruch

SCHNITTMUSTERBOGEN 1A | 1B

NICOLE TRÄGT YANIS IN GRÖSSE 42.

Größe 32-40

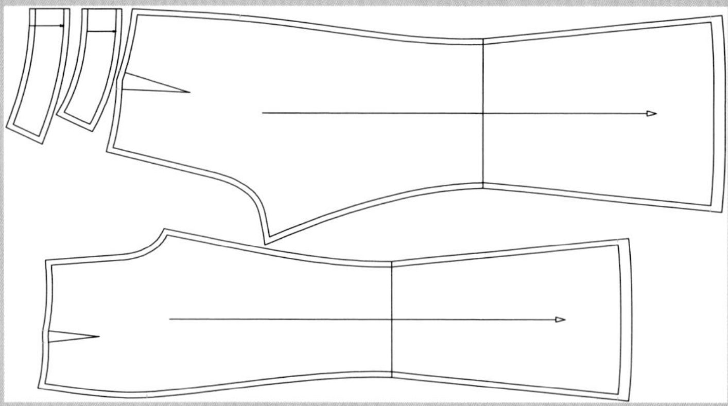

Größe 42-50

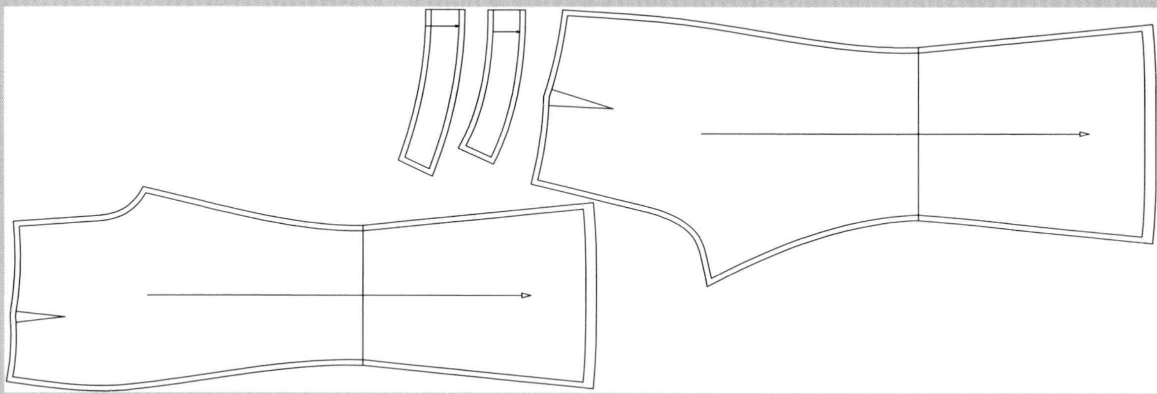

Größe 52-60

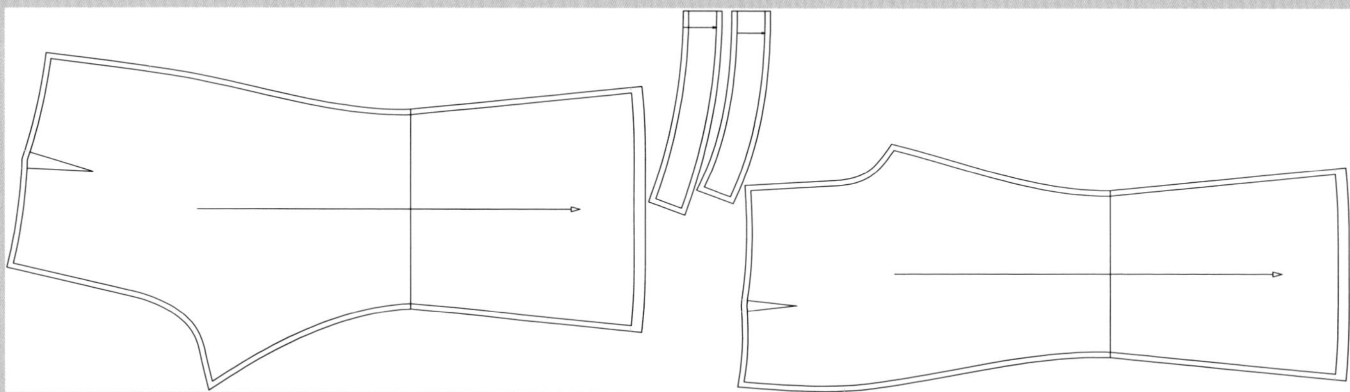

SO WIRD'S GEMACHT

1

Falte Vorderhose und Hinterhose an den Abnähern markierungsgemäß rechts auf rechts. Nähe die Abnäher auf der Markierung mit einem schmalen Zickzackstich ab. Starte die Naht an der oberen, offenen Stoffkante und lass sie an der Spitze des Abnähers sanft auslaufen.

2

So sollten die Hosenteile jetzt aussehen.

3

Stecke die beiden Vorderhosenteile an der Schrittkante bündig rechts auf rechts. Schließe die Schrittkante mit der Overlock oder mit einem elastischen Stich deiner Nähmaschine. Wiederhole den Schritt für die Hinterhosenteile.

4

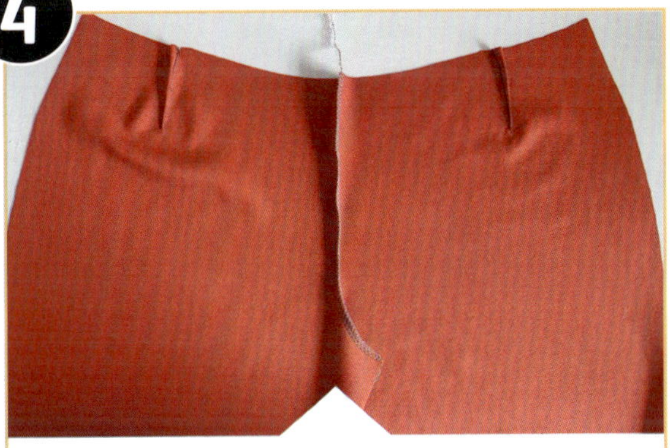

So sollte es jetzt aussehen.

5

Stecke Vorder- und Hinterhose an den Seiten- und Innenbeinkanten bündig rechts auf rechts. Schließe Seiten- und Innenbeinnähte mit der Overlock.

6

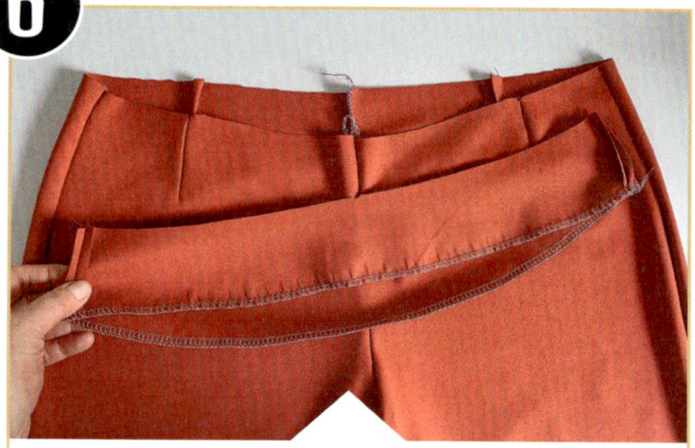

Stecke vorderen und hinteren Beleg an den kurzen Kanten rechts auf rechts. Nähe die Kanten mit einem schmalen Zickzack zusammen. Versäubere die untere, nach außen gerundete Kante des Belegs mit der Overlock.

7

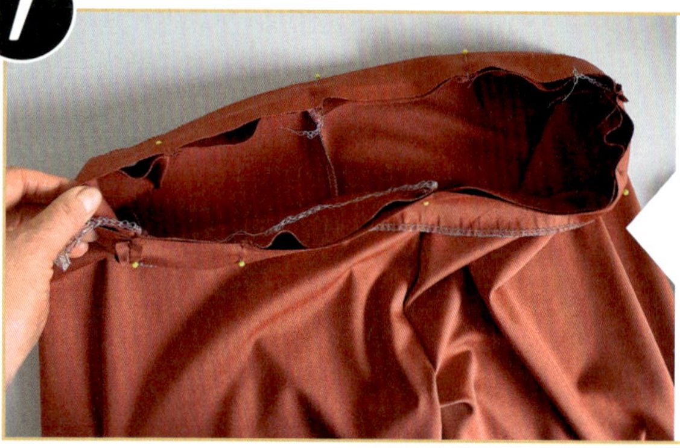

Stecke den Beleg rechts auf rechts an die Oberkante der Hose. Achte darauf, dass die Markierungen für vordere und hintere Mitte sowie die Seitennähte jeweils aufeinandertreffen.

8

Nähe den Beleg mit der Overlock oder einem elastischen Stich deiner Nähmaschine an.

9

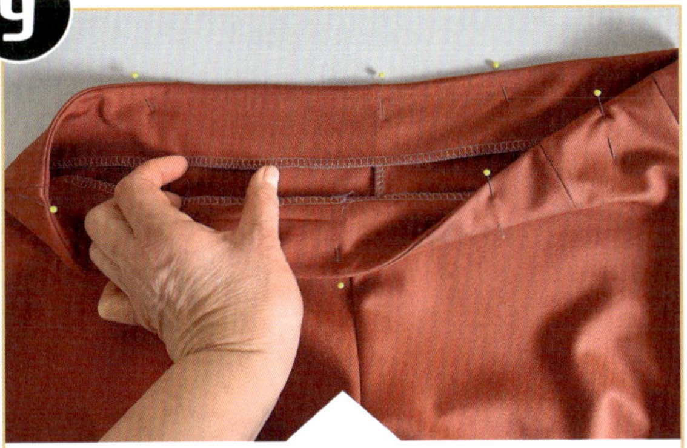

Klappe den Beleg nach innen und stecke ihn fest. Wenn du ein Gummiband einziehen möchtest, markierst du in der Hinterhose eine 5 cm lange Öffnung, die du beim Nähen frei lässt.

10

Nähe den Beleg in der Mitte der Versäuberungsnaht fest. Dafür kannst du einen schmalen Zickzackstich, einen Dreifachgeradstich oder einen anderen elastischen Stich verwenden.

11

Optional: Schneide ein Stück Gummiband in der passenden Länge zurecht. Lege das Gummiband zum Messen leicht gedehnt um deine Taille und füge 2 cm Nahtzugabe hinzu. Ziehe das Gummiband mithilfe einer Sicherheitsnadel in den Beleg und nähe die Enden mit einem elastischen Stich zusammen. Schließe die Einzugsöffnung.

12

Fixiere das Gummiband in der vorderen und hinteren Mittelnaht sowie in den Seitennähten mit einigen Stichen, damit es sich beim Tragen nicht verzieht.

13

Klappe die Säume an der Markierung zur linken Stoffseite um und stecke sie fest. Wenn dein Stoff ausfranst, solltest du die Säume vorab mit der Overlock oder mit einem Versäuberungsstich deiner Nähmaschine versäubern. Nähe die Säume mit einem elastischen Stich an. Alternativ kannst du zum Säumen eine Zwillingsnadel verwenden.

Mit diesen Lieblingsoberteilen aus TOPP 27037 kannst du Yanis kombinieren: Racerback-Top Sisco, Tunika Minze, Shirt Yola, Bluse Rosario, Shirt Arlett, Sweater Sawa, Zipfelshirt Quinn und Hoodie-Pullunder Ennis.

Schau mal hier,

Sabine trägt Yanis in Größe 48 (Taille) und 50 (Hüfte abwärts) aus einem stretchigen schwarzen Hosenstoff, der für eine schöne Silhouette und jede Menge Kombispaß sorgt.

Awa

Awa ist eine **SCHMAL GESCHNITTENE HOSE**, die immer und zu allem passt. Die **AUFFÄLLIGEN NÄHTE** schmeicheln deiner Figur und verleihen Awa einen sehr **EDLEN LOOK**. Perfekt fürs Büro, zum Ausgehen und für alle Momente, in denen du dich rundherum **GUT ANGEZOGEN FÜHLEN** möchtest.

Größe: 32-60

Passform: körpernah

Näh-Level: easy

DAS BRAUCHST DU

- Romanit oder anderer elastischer Hosenstoff, 140 cm breit

Größe	32	34	36	38	40	42	44	46	48	50	52	54	56	58	60
Verbrauch in m	1,25	1,25	1,25	1,25	1,25	1,40	1,40	1,45	1,50	1,60	2,00	2,05	2,05	2,10	2,15

- farblich passendes Nähgarn
- Nähmaschine
- Overlock (optional)

ZUSCHNITT

Die Schnittmuster enthalten 1 cm Nahtzugabe und 2 cm Saumzugabe.

- 2x Vorderhose Mitte gegengleich
- 2x Vorderhose Seite gegengleich
- 2x Hinterhose Mitte gegengleich
- 2x Hinterhose Seite gegengleich
- 1x Bund im Stoffbruch
- 2x Tasche gegengleich

SCHNITT MUSTER BOGEN 1A|1B

NICOLE TRÄGT AWA IN GRÖSSE 42.

Größe 32-40

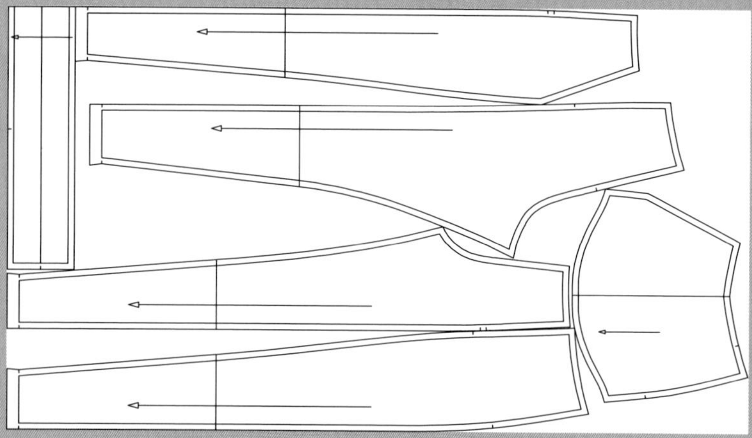

Größe 42-50

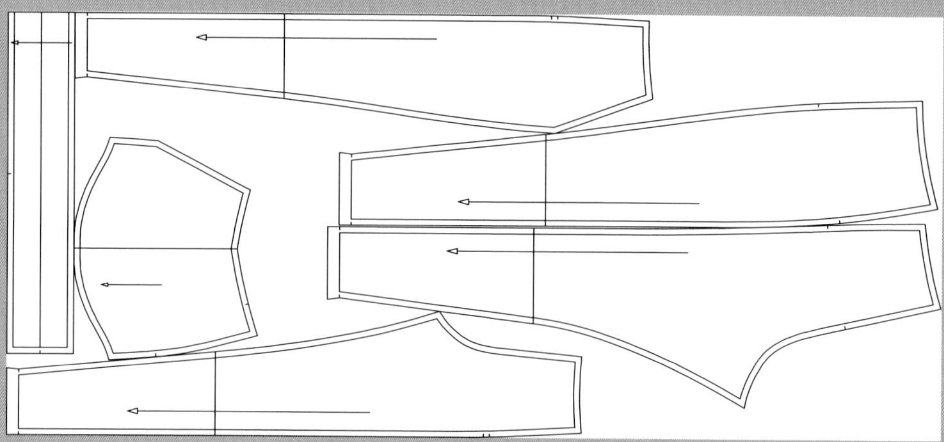

Größe 52-60

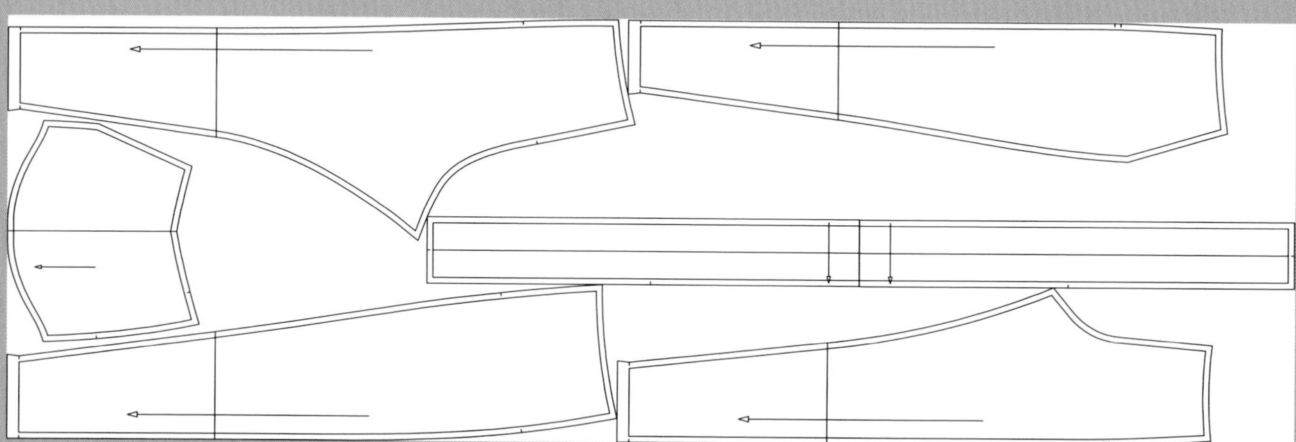

SO WIRD'S GEMACHT

1

Stecke jeweils ein mittleres und ein seitliches Vorderhosenteil an den geraden Kanten bündig rechts auf rechts aufeinander.

2

Schließe die Teilungsnähte mit der Overlock oder einem elastischen Stich deiner Nähmaschine.

3

Stecke einen Taschenbeutel an der geraden Seite rechts auf rechts an die Taschenkante des Vorderteils. Nähe den Taschenbeutel mit einem elastischen Geradstich an.

4

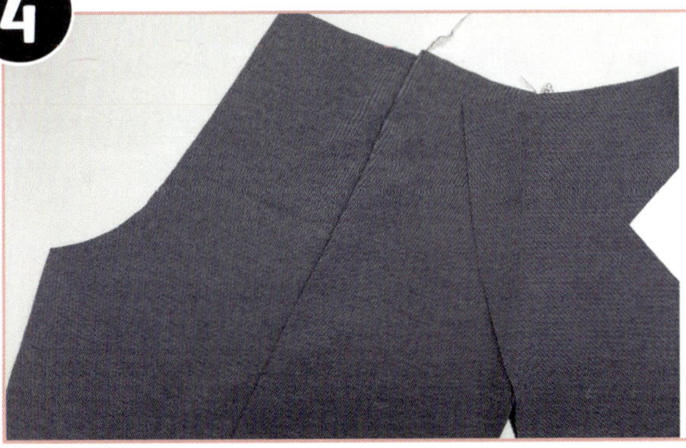

Falte den Taschenbeutel an der Umbruchmarkierung rechts auf rechts. Stecke die Unterkanten zusammen und nähe die Kante mit der Overlock oder einem elastischen Stich ab.

5

Fasse den Taschenbeutel am oberen Ende der Umbruchkante …

6

… und klappe die Bruchkante auf der linken Stoffseite zur Naht in der Vorderhose. Die beiden rechten Seiten des Taschenbeutels treffen dabei aufeinander.

7

Stecke den Taschenbeutel an der Seite und Oberkante der Hose fest. So sieht es von der rechten Seite aus …

8

… und so von der linken.

9

Fixiere den Taschenbeutel mit einer Hilfsnaht innerhalb der Nahtzugabe an der Oberkante und der Seitenkante.

10

Wiederhole die Arbeitsschritte für das zweite Vorderhosenteil. So sollte es jetzt aussehen.

11

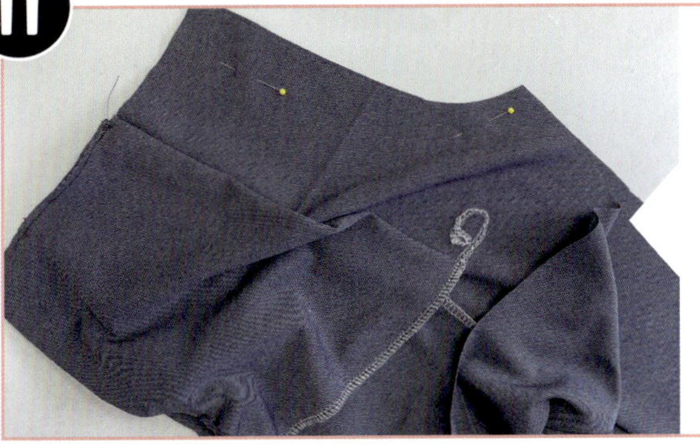

Stecke die beiden Vorderteile an den Schrittkanten bündig rechts auf rechts. Schließe die Schrittnaht mit der Overlock oder einem elastischen Stich deiner Nähmaschine.

12

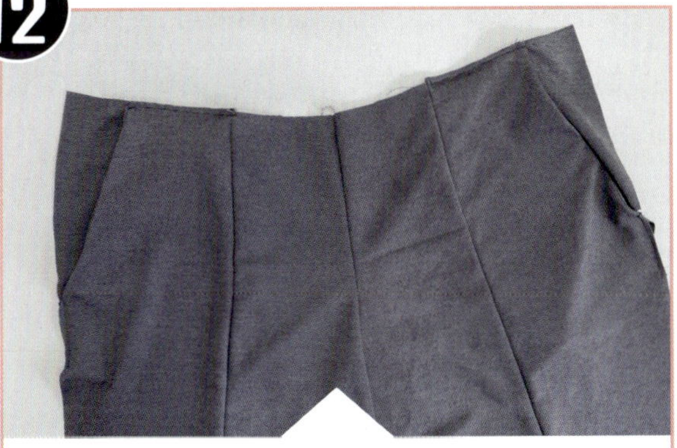

So sollte es jetzt aussehen.

13

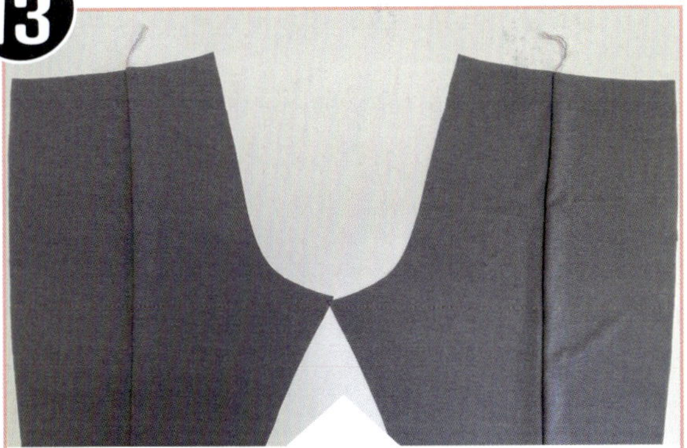

Stecke jeweils ein seitliches und ein mittleres Hinterhosenteil an der langen Kante zusammen. Schließe die Teilungsnähte mit der Overlock oder mit einem elastischen Nähmaschinenstich.

14

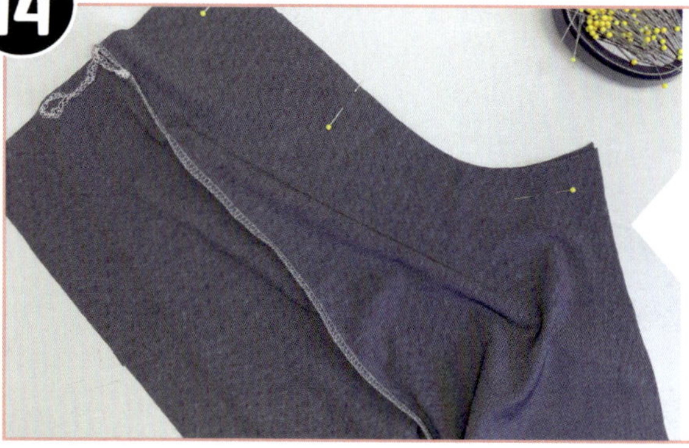

Stecke die beiden Hinterhosenteile an den Schrittkanten bündig rechts auf rechts und schließe die Schrittnaht mit einem elastischen Stich.

15

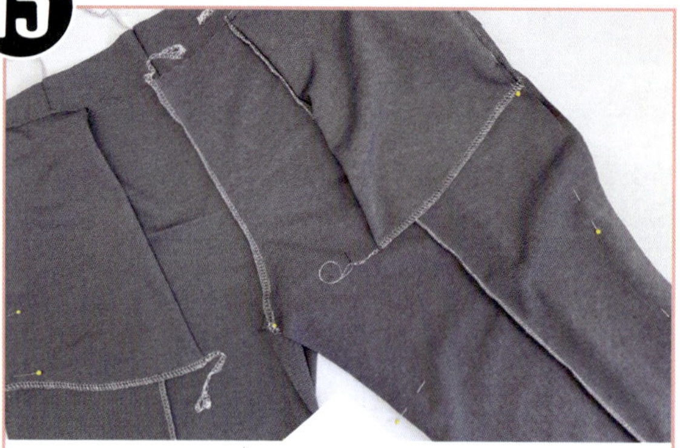

Stecke Vorder- und Hinterhose an den Seiten- und Innenbeinkanten bündig rechts auf rechts. Schließe die Seiten- und die Innennähte mit der Overlock oder einem elastischen Stich deiner Nähmaschine.

16

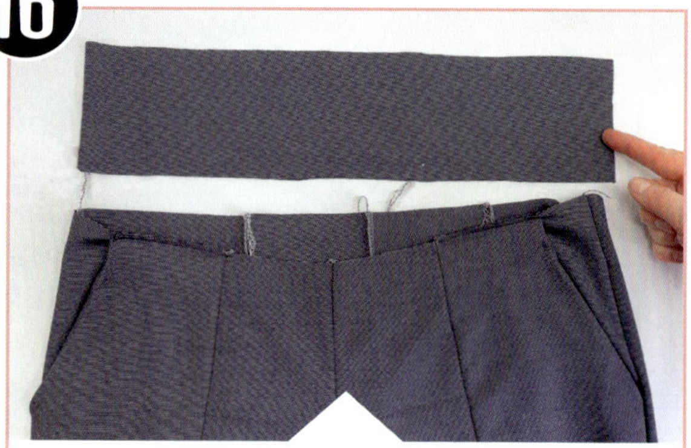

Stecke die kurzen Kanten des Bundzuschnitts bündig rechts auf rechts und nähe den Bund zu einem Ring zusammen.

17

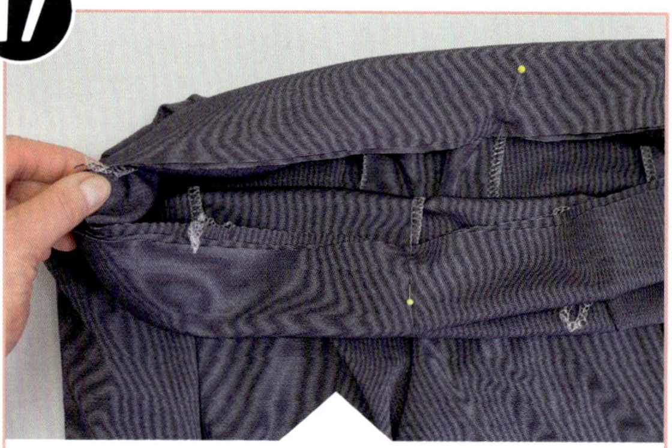

Falte den Bund längs links auf links und stecke ihn an die Oberkante der Hose.

18

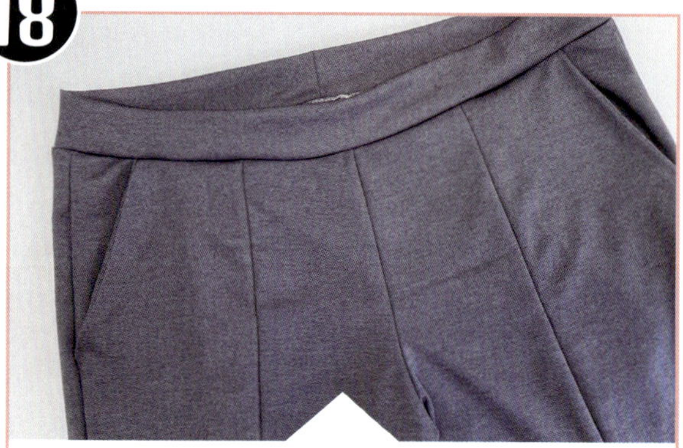

Nähe den Bund mit einer elastischen Naht an. So sollte es jetzt aussehen.

19

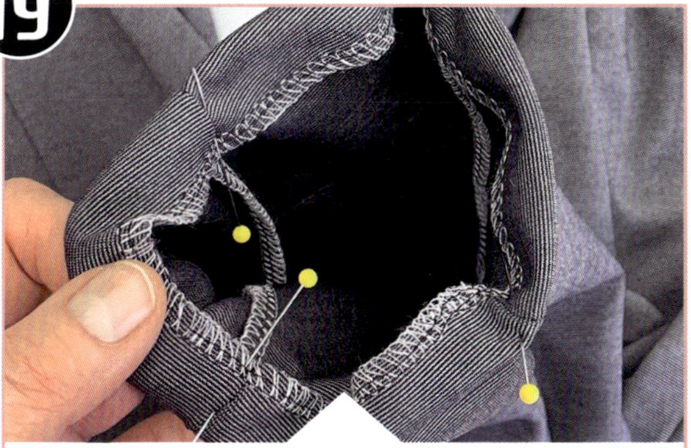

Klappe die Säume an den Markierungen nach innen und stecke sie fest. Wenn dein Stoff ausfranst, solltest du vorab die Saumkanten mit der Overlock oder mit einem Versäuberungsstich deiner Nähmaschine versäubern. Nähe die Säume mit einem elastischen Stich fest.

Wenn du die Zubehörbox deiner Nähmaschine entfernst, kannst du das Hosenbein ganz einfach über den Freiarm schieben. Auf diese Weise fällt das Nähen des engen Hosenbeins deutlich leichter.

Mit diesen Lieblingsoberteilen aus TOPP 27037 kannst du Awa kombinieren: Tunika Minze, Shirt Yola, Bluse Rosario, Shirt Arlett, Sweater Sawa, Zipfelshirt Quinn und Hoodie-Pullunder Ennis.

Brid

Ich liebe **LATZHOSEN**. Sie lassen sich unkompliziert **STYLEN** von zuckersüß bis ultracool und verdecken dabei spielerisch das ein oder andere Pölsterchen. Der rundum verlaufende Beleg sorgt dafür, dass die Hose oben wunderbar **FORMTREU** und auch von innen **BLITZSAUBER** aussieht. Du kannst Brid mit **KURZEM** oder **LANGEM BEIN** nähen.

Größe: 32-60

Passform: locker

Näh-Level: mittel

DAS BRAUCHST DU

- Canvas, Denim, Cord oder andere feste Webware, 140 cm breit

Größe	32	34	36	38	40	42	44	46	48	50	52	54	56	58	60
Verbrauch in m • Latz-Bermuda	1,70	1,70	1,70	1,70	1,70	2,10	2,10	2,15	2,25	2,30	2,35	2,40	2,45	2,50	2,55
• lange Latzhose	2,25	2,25	2,25	2,20	2,20	2,60	2,65	2,65	2,65	2,75	3,20	3,25	3,30	3,40	3,60

- farblich passendes Nähgarn
- Nähmaschine
- Overlock (optional)

Hinweise: Wenn dein Lieblingsstoff Stretch enthält, kannst du die Hose eine Größe kleiner nähen. Statt mit Knotenverschluss lässt sich die Latze auch klassisch mit einer Latzhosengarnitur schließen.

ZUSCHNITT

Die Schnittmuster enthalten 1 cm Nahtzugabe und 1,5 cm Saumzugabe. Du kannst die Träger anstatt im Stoffbruch auch mit 1 cm Nahtzugabe zuschneiden und sie dann in der hinteren Mitte zusammennähen. Übertrage alle Markierungen sorgfältig vom Schnittmuster auf den Stoff, damit bei der fertigen Hose die Taschen symmetrisch sitzen.

- 2x Vorderhose gegengleich
- 2x Hinterhose gegengleich
- 2x Träger im Stoffbruch
- 1x Beleg Vorderhose im Stoffbruch
- 1x Beleg Hinterhose im Stoffbruch
- 1x vordere Tasche im Stoffbruch
- 2x hintere Tasche

SCHNITTMUSTERBOGEN 2A|2B

SARINA TRÄGT BRID ALS LATZ-BERMUDA IN GRÖSSE 36.

Größe 32-40

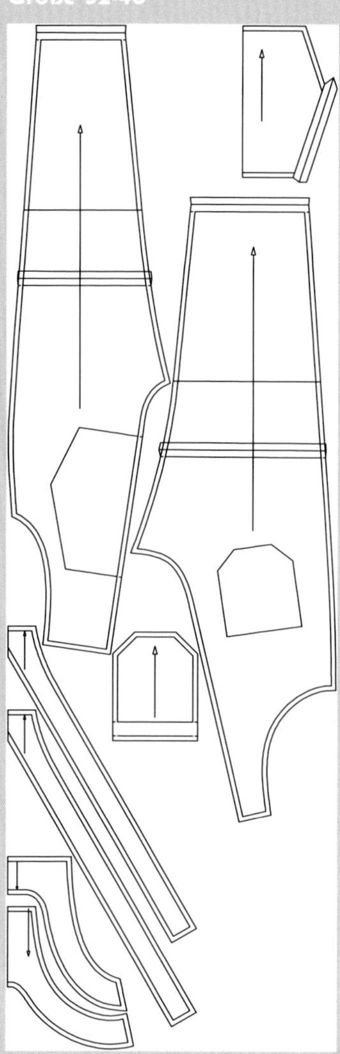

Größe 42-50

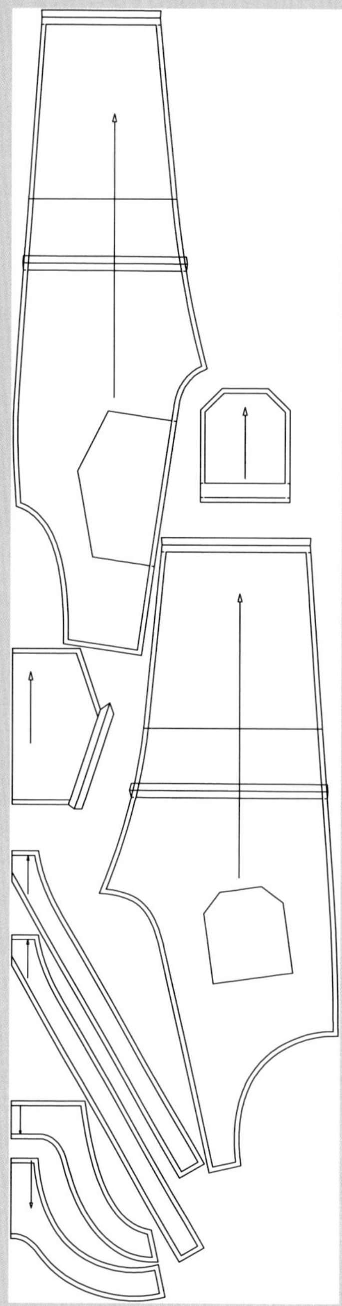

Größe 52-60

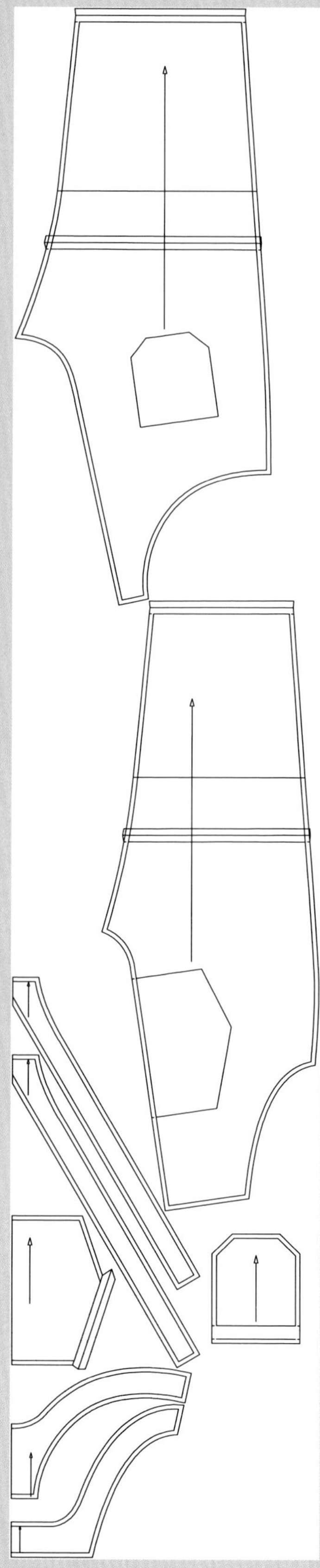

SO WIRD'S GEMACHT

1

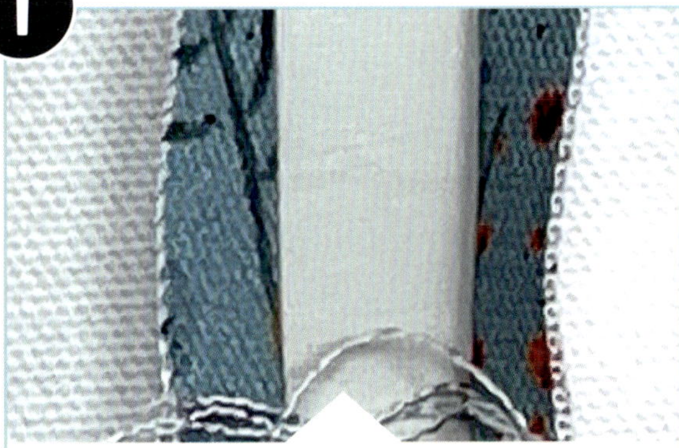

Bügle die obere Kante der hinteren Taschen zweimal 1 cm nach links um. Steppe den umgebügelten Saum knappkantig mit Geradstich fest. Bügle anschließend die restlichen Kanten 1 cm zur linken Stoffseite um. So sollte es jetzt aussehen.

2

Bügle die Eingriffkanten der vorderen Tasche markierungsgemäß zweimal nach innen um und nähe die Umschläge knappkantig mit Geradstich an. Bügle die restlichen Kanten der Vordertasche 1 cm zur linken Seite um.

3

Stecke die beiden Hinterhosenteile jeweils an der verlängerten Schrittnaht in der hinteren Mitte rechts auf rechts. Die beiden Vorderhosenteile steckst du an der Schrittkante zusammen. Nähe die Stoffteile mit Geradstich und 1 cm Nahtzugabe zusammen. Versäubere die Nahtzugaben mit Zickzackstich oder mit der Overlock.

4

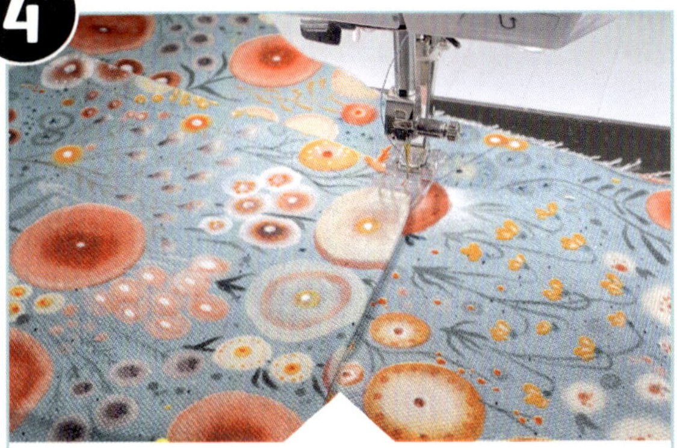

Stecke die vordere Tasche markierungsgemäß auf die Vorderhose und steppe die Tasche rundherum bis auf die Eingriffkanten knappkantig an.

Dir gefällt die Schlaufe von Hose Edlin? Damit kannst du auch deine Latzhose verschönern. Du kannst natürlich auch andere Edlin-Taschen für Brid verwenden.

5

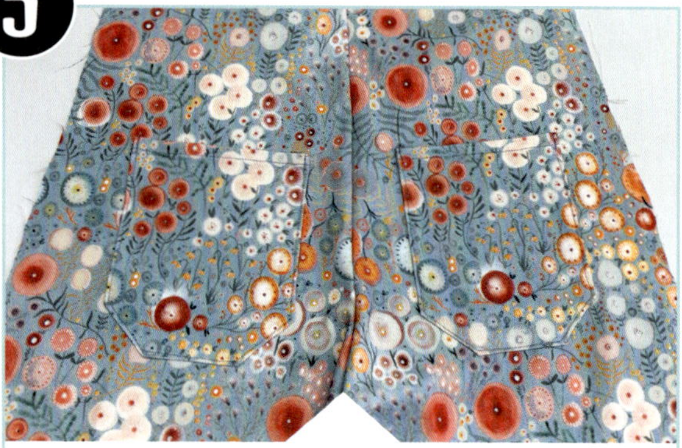

Stecke die hinteren Taschen markierungsgemäß auf die Hinterhose und nähe sie an den Seitenkanten und der Unterkante an.

6

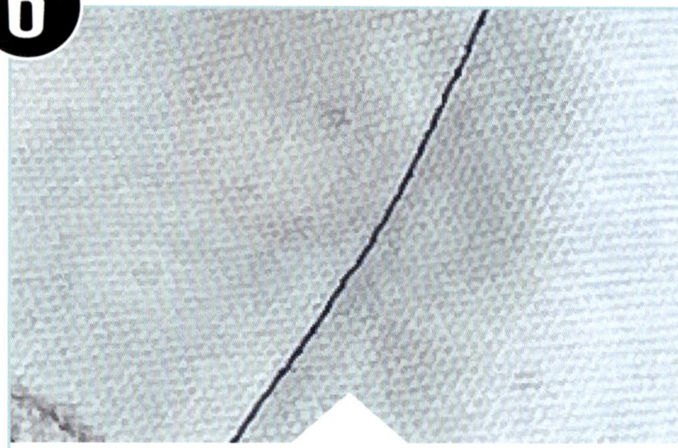

Stecke Vorder- und Hinterhose an den Seitenkanten bündig rechts auf rechts und schließe die Seitennähte. Stecke anschließend die Innenbeinkanten rechts auf rechts und nähe sie zusammen. Versäubere die Nahtzugaben aller Nähte mit der Overlock oder einem Zickzackstich.

7

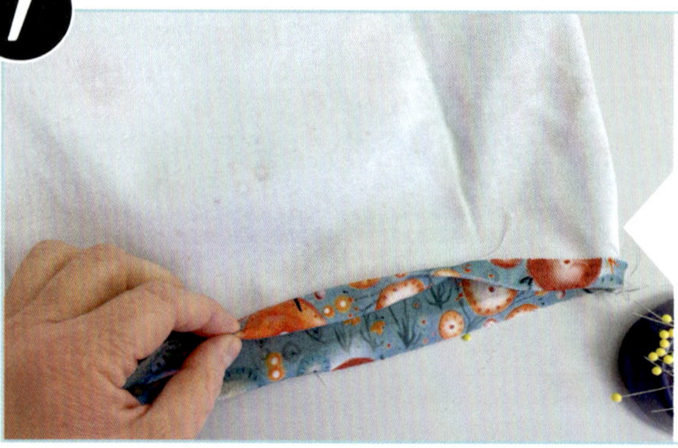

Falte den Saum markierungsgemäß zweimal zur linken Seite um und steppe ihn knappkantig mit einem längeren Geradstich (Stichlänge 3,5–4 mm) fest.

8

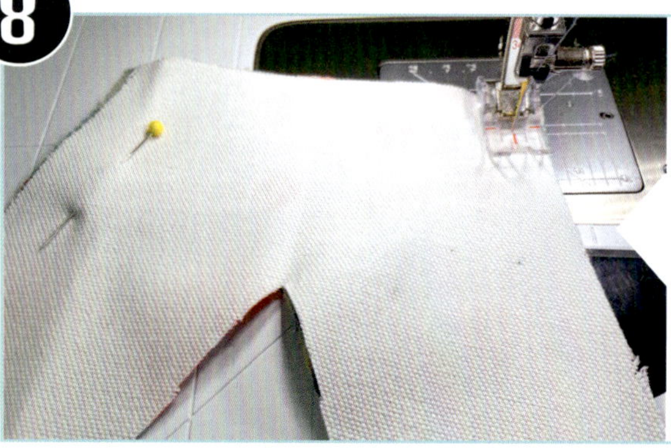

Stecke die Zuschnitte für die Träger bündig rechts auf rechts und nähe sie an den vier langen Kanten und den kurzen vorderen Kanten mit Geradstich und 1 cm Nahtzugabe zusammen.

9

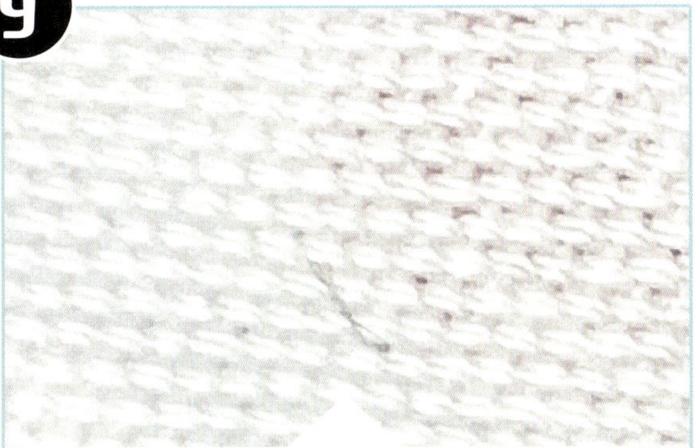

Bügle die Nahtzugaben auseinander, damit sich die Nähte nach dem Verstürzen besser ausformen lassen. Kürze die Nahtzugaben an den Ecken ein. An der innen liegenden Ecke knipst du die Nahtzugabe bis kurz vor die Naht ein.

10

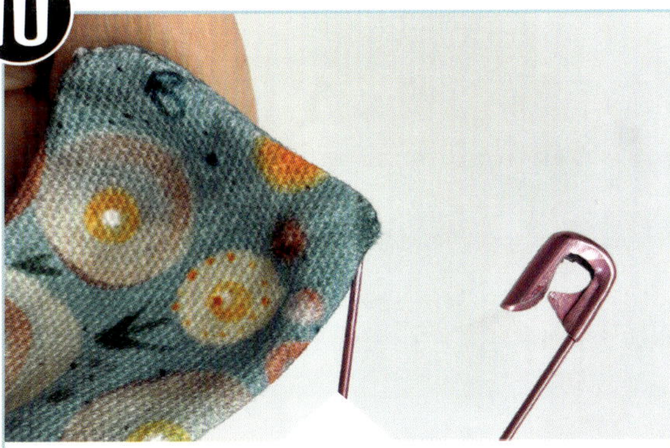

Wende die Träger auf rechts und forme alle Ecken und Nähte aus. Die Ecken an den beiden vorderen Enden stülpst du mit einer stabilen Sicherheitsnadel aus. Bügle die Träger.

11

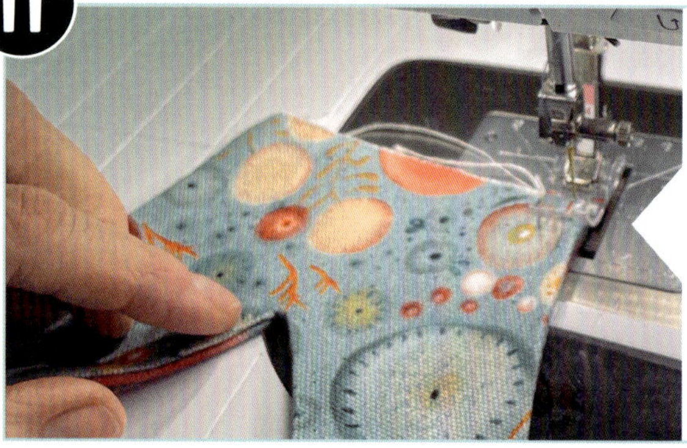

Steppe die Träger an den vier langen Kanten sowie an den beiden kurzen Kanten 2–3 mm neben der Stoffkante mit Geradstich ab.

Damit die Nähte blitzsauber aussehen, kannst du zum Absteppen den Kantennähfuß verwenden. Das bietet sich vor allem dann an, wenn du in einer Kontrastfarbe nähst.

12

Stecke die beiden Belege an den kurzen Kanten rechts auf rechts und nähe die Kanten zusammen.

13

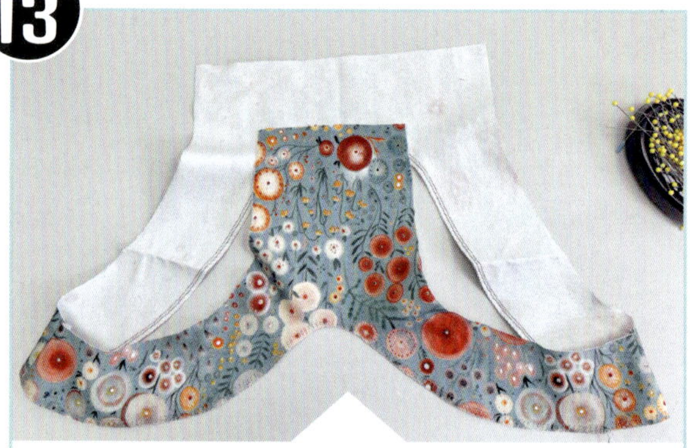

Bügle die Nahtzugaben auseinander. Versäubere die untere, gerundete Kante mit der Overlock oder dem Overlockstich deiner Nähmaschine.

14

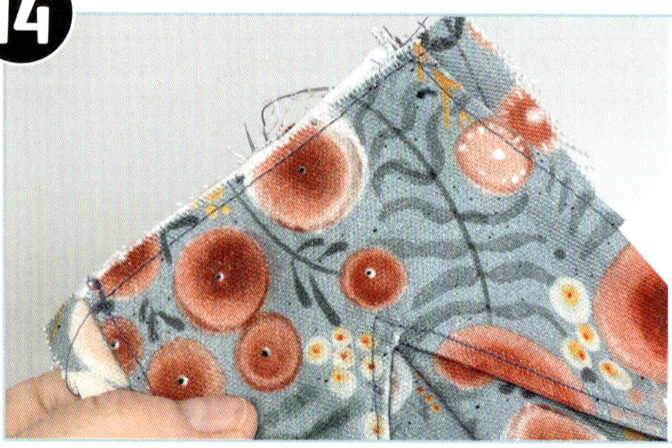

Stecke die offene Kante des Trägerteils mittig an die noch offene Oberkante der Hinterhose. An den Seiten soll jeweils 1 cm Nahtzugabe frei bleiben. Steppe den Träger innerhalb der Nahtzugabe mit Geradstich an die Oberkante. Die Hilfsnaht fixiert die beiden Teile und macht das Zusammennähen später leichter.

15

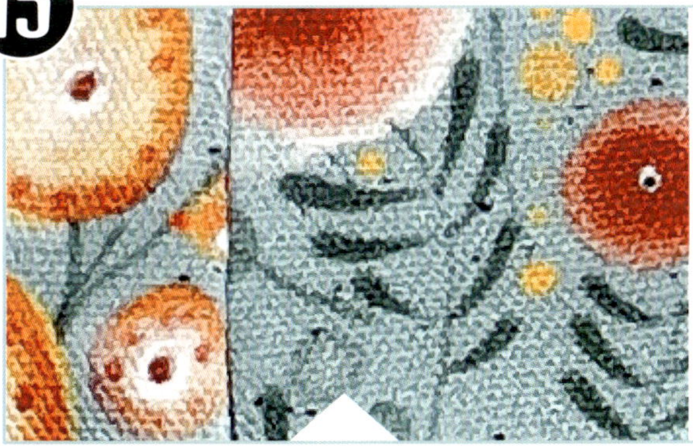

Stecke den Beleg rundum an die Oberkante der Hose. Die vordere Mitte des Belegs trifft auf die vordere Mitte der Hose, die Nähte des Belegs treffen auf die Seitennähte der Hose. Nähe den Beleg mit Geradstich und 1 cm Nahtzugabe rundherum an. Achte dabei darauf, dass du die langen Trägerenden nicht mitfasst.

16

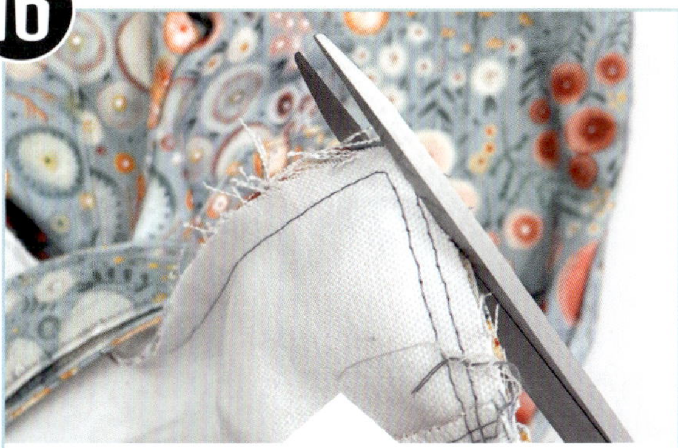

Schneide die Nahtzugaben an den Ecken schräg ab ...

17

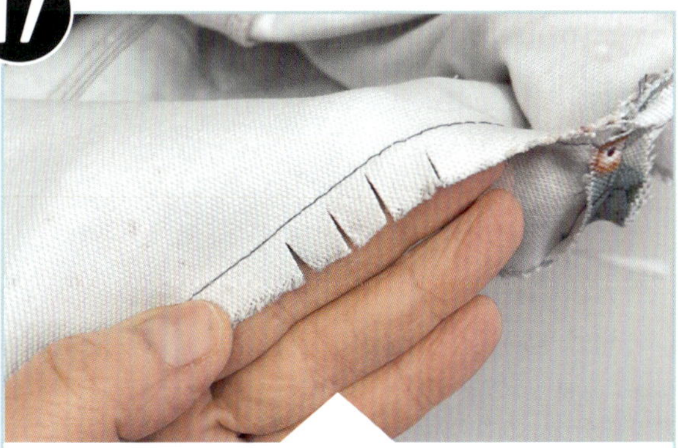

... und knipse die Nahtzugaben an den Rundungen bis kurz vor die Naht ein.

Mit diesen Lieblingsoberteilen aus TOPP 27037 kannst du Brid kombinieren: Shirt Arlett, Shirt Yola und Tunika Minze.

18

Klappe den Beleg ins Hoseninnere, forme die Ecken aus und bügle die Kanten.

19

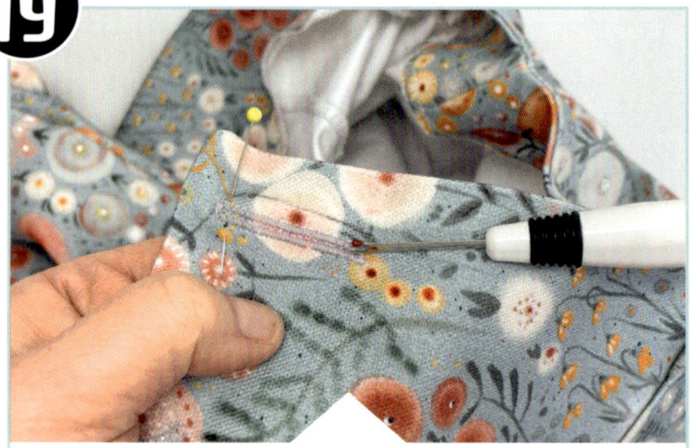

Nähe im Latz markierungsgemäß zwei Knopflöcher. Öffne sie vorsichtig mit dem Nahttrenner oder mit einer Knopflochstanze.

Du kannst die Knopflöcher mit einem kontrastfarbigen Garn nähen.

20

Fixiere den Beleg mit einer kurzen Naht innerhalb der Seitennähte.

21

Ziehe die Träger durch die Knopflöcher und verknote sie.

Schau mal hier,

Sabine trägt Brid in Größe 48 und mit langem Bein, rechts aus Feincord, unten aus Breitcord.

Varianten

Vielleicht hast du auch ein Faible dafür, einen der Träger lässig offen zu lassen? Die schräg zum Fadenlauf zugeschnittenen Träger sind elastisch und fühlen sich beim Tragen sehr angenehm an.

Mavis

Ohne Leggings? Ohne mich! Die schmalen, weichen Hosen mit maximalem **WOHLFÜHLFAKTOR** sind ein **MUST-HAVE** im Kleiderschrank. Ob zum Jeansrock, zur Zipfeltunika, zum Kleid, zum Sport, zum Relaxen: Leggings sind **VIELFÄLTIG EINSETZBAR** und machen schon beim Nähen Spaß. Modell Mavis ist am Bauch etwas tiefer geschnitten und hat einen herrlich breiten Formbund, der für **SICHEREN SITZ** und einen **RASANTEN SHAPE** sorgt.

Größe: 32-60

Passform: körpernah

Näh-Level: easy

DAS BRAUCHST DU

- Jersey, 140 cm breit

Größe	32	34	36	38	40	42	44	46	48	50	52	54	56	58	60
Verbrauch in m **• Radler**	0,5	0,5	0,5	0,5	0,5	0,5	0,55	0,6	0,7	0,8	0,9	0,9	0,95	0,95	1,00
• Capri-hose	0,8	0,8	0,8	0,8	0,8	0,8	0,85	0,95	1,00	1,15	1,25	1,40	1,40	1,45	1,60
• Leggings	1,05	1,05	1,05	1,05	1,05	1,05	1,10	1,20	1,30	1,40	1,50	1,65	1,90	1,90	1,95

- farblich passendes Nähgarn
- Nähmaschine
- Overlock (optional)

Hinweis: Du kannst die Leggings auch aus einem elastischen Sweat- oder Strickstoff oder einem anderen festeren Stoff nähen. Dann gegebenenfalls eine oder zwei Größen größer wählen und vorab die passende Größe an einem Probemodell testen.

ZUSCHNITT

Die Schnittmuster enthalten 1 cm Nahtzugabe und 2 cm Saumzugabe.

- 2x Vorderhose gegengleich
- 2x Hinterhose gegengleich
- 2x Bund im Stoffbruch

SCHNITT MUSTER BOGEN 1A | 1B

NICOLE TRÄGT MAVIS IN CAPRI-LÄNGE IN GRÖSSE 42.

Größe 32-44

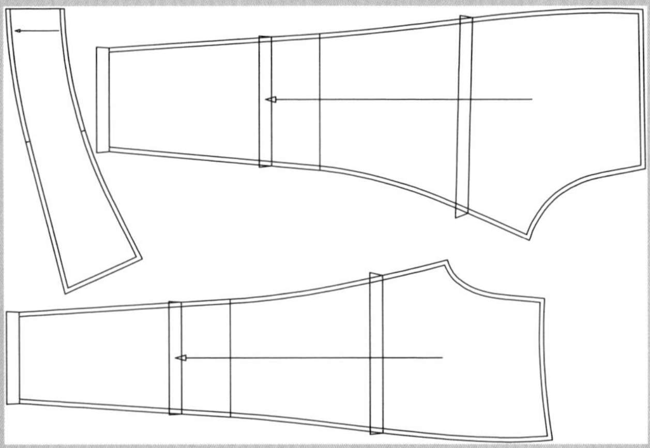

Größe 46-60

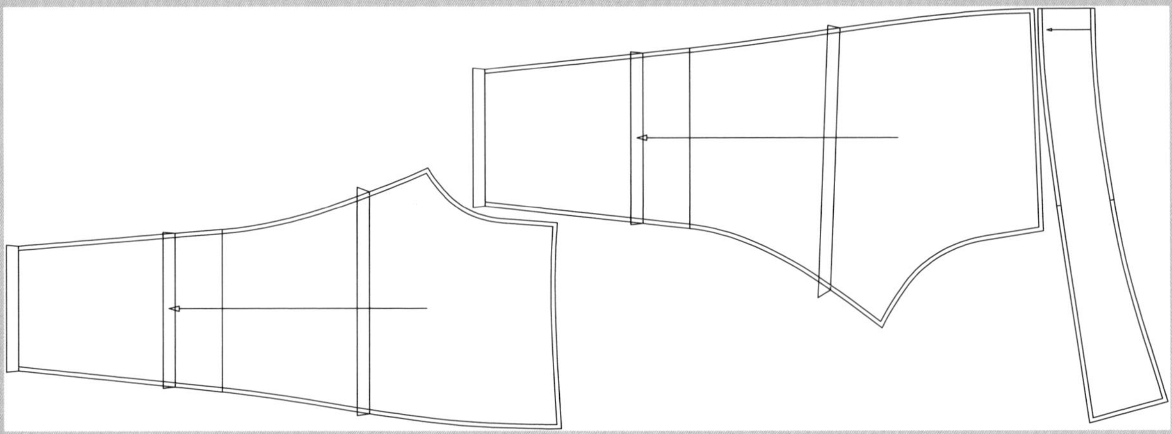

Mit diesen Lieblingsoberteilen aus TOPP 27037 kannst du Mavis kombinieren: Racerback-Top Sisco, Tunika Minze, Shirt Arlett, Sweater Sawa, Zipfelshirt Quinn und Hoodie-Pullunder Ennis.

SO WIRD'S GEMACHT

1

Stecke die beiden Vorderhosenteile und die beiden Hinterhosenteile jeweils an der Schrittkante bündig rechts auf rechts.

2

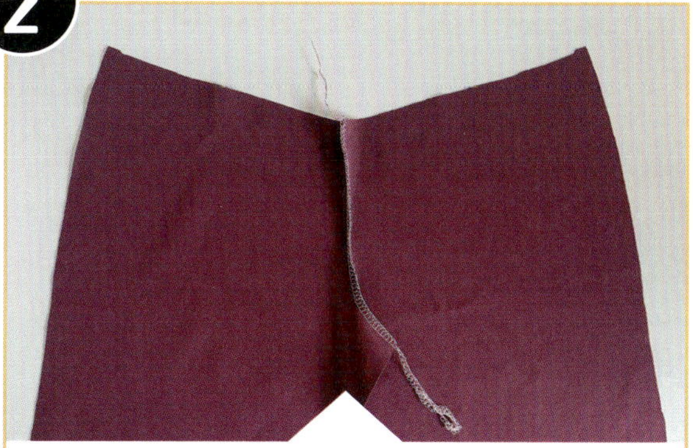

Schließe jeweils die Schrittnaht mit der Overlock oder mit einem elastischen Stich deiner Nähmaschine.

3

Stecke Vorder- und Hinterhose an den Seitenkanten und den Innenbeinkanten bündig rechts auf rechts. Schließe die Seiten- und die Innenbeinnähte mit der Overlock oder einem elastischen Stich deiner Nähmaschine.

4

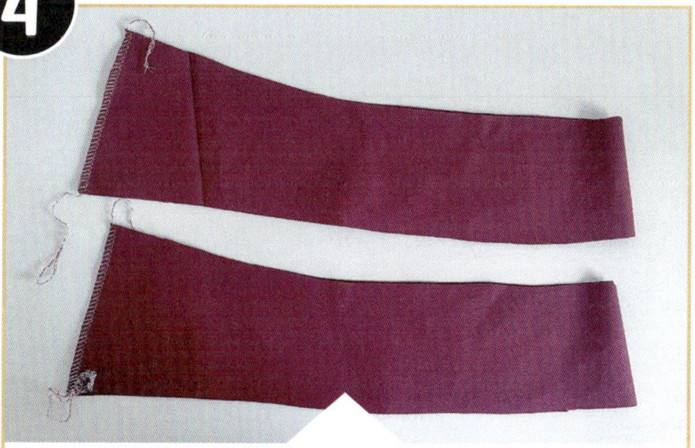

Falte die beiden Schnittteile für den Bund jeweils rechts auf rechts und nähe sie an den kurzen Kanten zum Ring zusammen.

5

Stecke die beiden Bundteile an der oberen Kante bündig rechts auf rechts und nähe sie an der Kante mit der Overlock oder einem elastischen Stich der Nähmaschine zusammen.

6

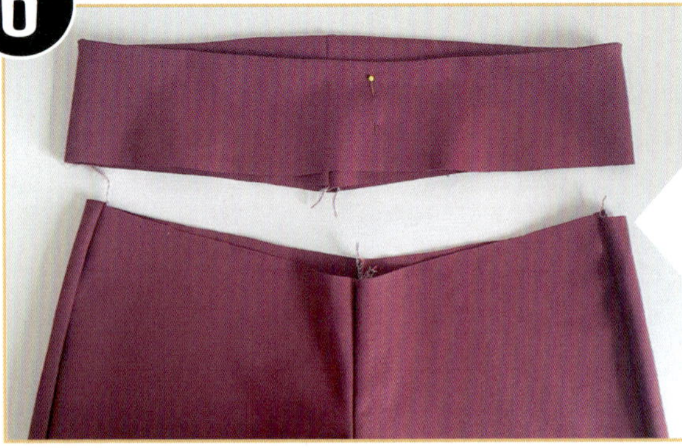

Wende den Bund auf rechts und forme die Naht gut aus. Wenn du möchtest, kannst du sie bügeln. Stecke die langen Bundkanten links auf links zusammen. Wende die Hose ebenfalls auf rechts.

7

Stecke den Bund rechts auf rechts an die Oberkante der Hose. Dabei treffen die vordere Mitte des Bunds auf die vordere Schrittnaht und die Bundnaht auf die hintere Mitte der Hose. Nähe den Bund mit der Overlock oder einem elastischen Stich an.

Wenn du einen sehr weichen Stoff verwendest oder zusätzlichen Halt am Bund wünschst, kannst du ein Gummiband einziehen. Eine Anleitung findest du auf Seite 35 in Schritt 11.

9

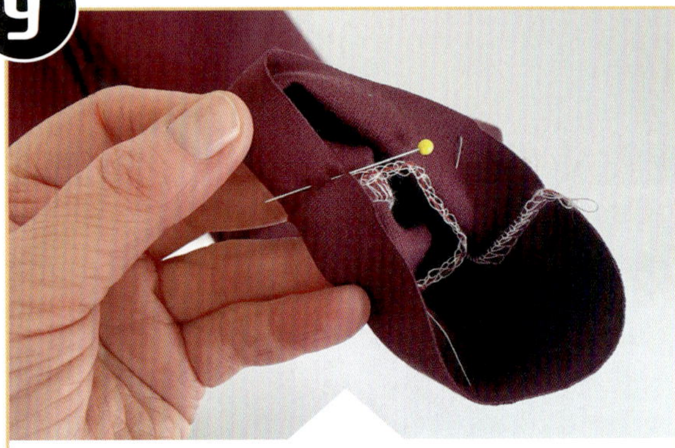

Klappe die Säume an den Markierungen zur linken Stoffseite um und stecke sie fest. Nähe die Säume mit einem elastischen Stich an. Du kannst eine Zwillingsnaht arbeiten, aber auch einen elastischen Zierstich, einen Dreifach-Geradstich oder einen Dreifachzickzackstich verwenden.

SARINA TRÄGT MAVIS ALS RADLER IN GRÖSSE 36.

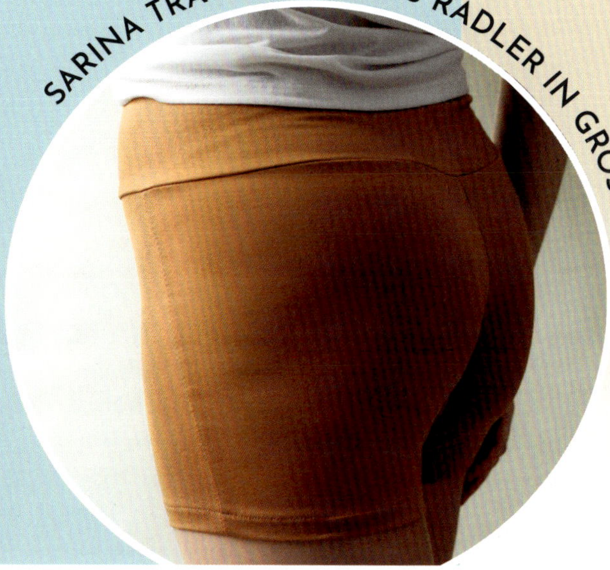

Schau mal hier,

Nicole trägt Mavis als Leggings in Größe 42.

Varianten

Mavis gibt es in drei Längen. An den Linien kannst du die Schnittmuster kürzen und sexy Radler (auch genial unter einem Rock), Caprihosen oder Leggings mit langem Bein zaubern.

Rumi

Ganz schön **EDEL**, diese **CULOTTE** mit den hinreißenden **PAPERBAG-FALTEN** am Bund. In Kombi mit einem schmalen Shirt wird aus dem Sahneschnittchen blitzschnell ein Outfit, mit dem du überall für Furore sorgst. Such dir einen Stoff aus, der ein bisschen Stand hat, damit die **FALTEN** schön rauskommen. Leinen, Jeans, Cord oder andere kräftige Webstoffe eignen sich großartig für Rumi.

Größe: 32-60

Passform:
am Bund körpernah,
am Bein weit

Näh-Level: mittel

DAS BRAUCHST DU

- Leinen, Jeans oder anderer fester Stoff, 140 cm breit

Größe	32	34	36	38	40	42	44	46	48	50	52	54	56	58	60
Verbrauch in m • Bermuda	1,25	1,30	1,35	1,40	1,45	1,70	1,75	1,75	1,75	1,75	1,75	1,75	1,80	1,80	1,80
• lange Hose	1,80	1,85	1,90	1,95	2,00	2,25	2,30	2,30	2,30	2,30	2,30	2,30	2,35	2,35	2,35

- Gummiband, 4 cm breit

Größe	32	34	36	38	40	42	44	46	48	50	52	54	56	58	60
Verbauch in cm	46,5	49,4	52,2	55	57,8	60,7	63,5	68	72,4	76,9	81,3	85,9	90,5	95,2	100

- farblich passendes Nähgarn
- Nähmaschine
- Overlock (optional)

ZUSCHNITT

Die Schnittmuster enthalten 1 cm Nahtzugabe und 2 cm Saumzugabe, das Schnittmuster für die Tasche enthält 1,5 cm Nahtzugabe.

- 2x Vorderhose gegengleich
- 2x Hinterhose gegengleich
- 4x Tasche, je 2x gegengleich
- 2x Bindeband

SCHNITT MUSTER BOGEN 2A|2B

SARINA TRÄGT RUMI IN BERMUDA-LÄNGE IN GRÖSSE 36.

Größe 32-40

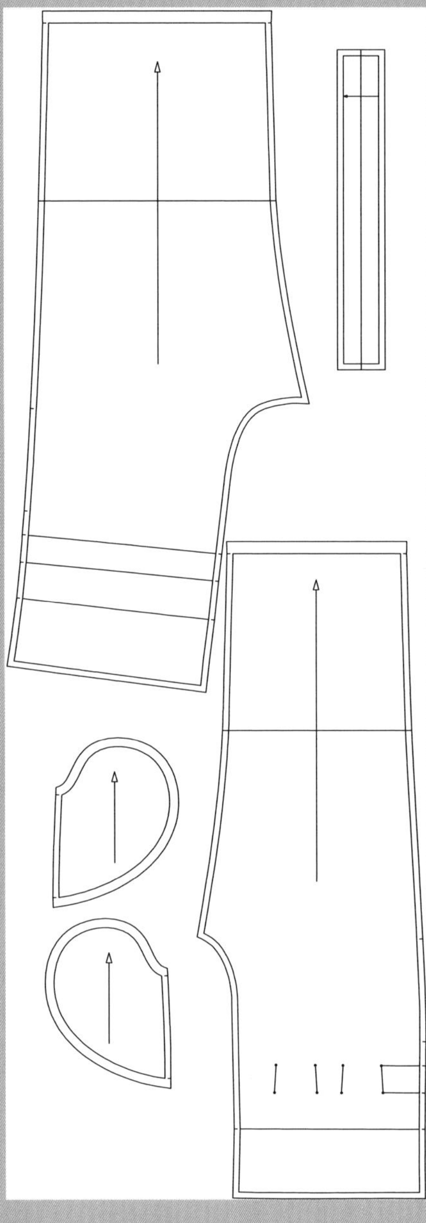

Größe 42-60

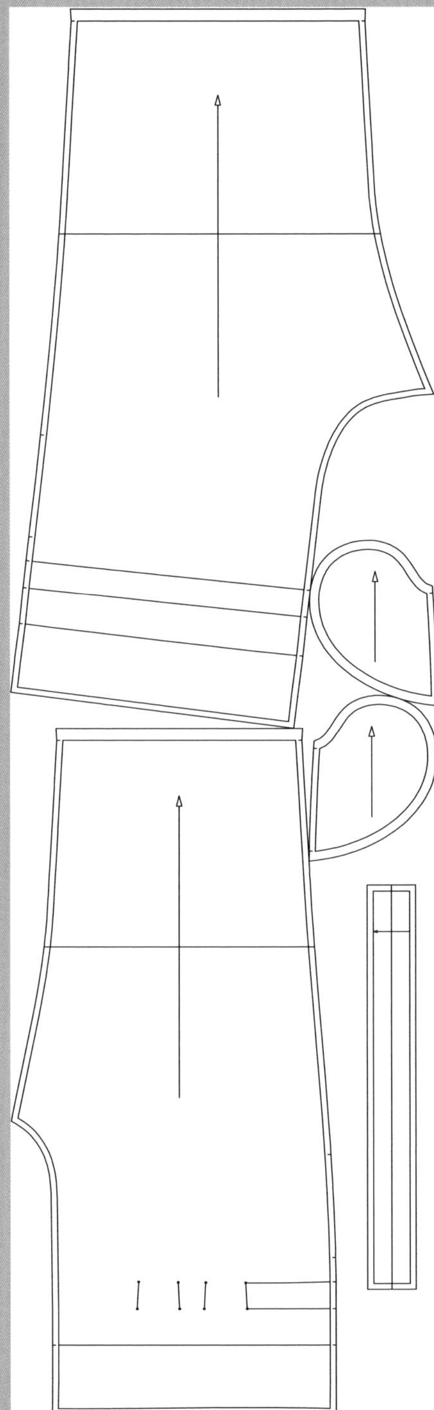

Tipps

Rumi ist am Bund schmal geschnitten. Vergleiche deshalb die Fertigmaße der Hose mit deinem Körpermaß (siehe S. 91 und 106), damit die Hose problemlos über die Hüfte passt.
Wenn dein Stoff etwas weicher ist, kannst du die Bundpartie mit Bügelvlies (z.B. Vlieseline H200) verstärken, um die Paperbag-Form zu stabilisieren.

SO WIRD'S GEMACHT

1

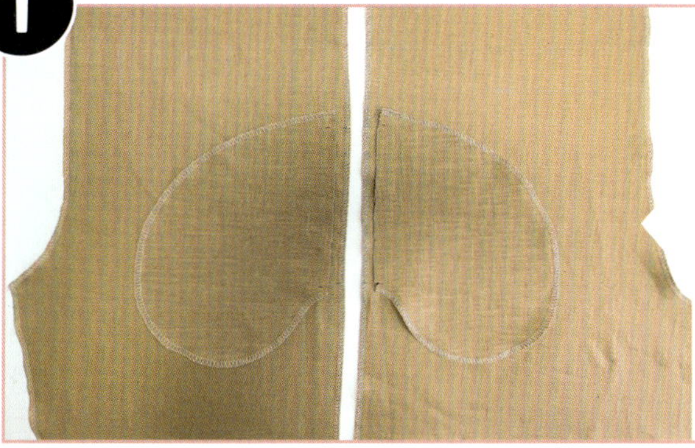

Versäubere alle Schnittteile bis auf die Bindebänder rundherum mit der Overlock oder einem Versäuberungsstich deiner Nähmaschine. Stecke die Taschenteile markierungsgemäß rechts auf rechts an die Seitenkanten von Vorder- und Hinterhose.

2

Nähe die Taschenteile zwischen den Markierungen mit Geradstich und 1 cm Nahtzugabe an. Die Kanten der Taschenbeutel ragen oben und unten ca. 1,5 cm über die Markierung hinaus.

3

Klappe die Taschenteile um, lege die Nahtzugaben in Richtung der Taschen und bügle die Naht. Steppe den Taschenbeutel zwischen den Markierungen 2–3 mm von der Naht entfernt auf die Nahtzugabe. So rutscht die Tasche beim Tragen später nicht aus der Hose.

4

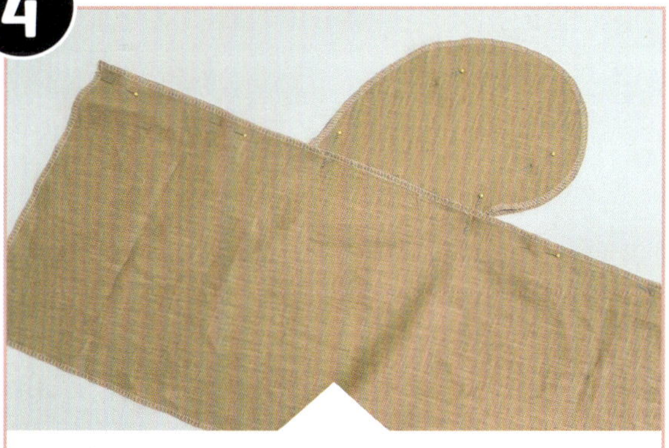

Stecke jeweils ein Vorder- und ein Hinterhosenteil an den Seiten und an den Taschen rechts auf rechts. Die Markierungen der Taschenbeutel treffen dabei genau aufeinander.

5

Schließe die Seitennähte mit 1 cm Nahtzugabe. An der ersten Taschenmarkierung lässt du die Nadel im Stoff, hebst das Füßchen, drehst den Stoff um 90 Grad, senkst das Füßchen und nähst im rechten Winkel zur Seitennaht weiter zur Tasche.

6

Nähe die Taschenteile mit 1,5 cm Nahtzugabe bis zur unteren Markierung zusammen. Lass die Nadel erneut im Stoff, hebe den Nähfuß und drehe den Stoff, senke den Fuß und schließe die restliche Seitennaht mit 1 cm Nahtzugabe.

7

So sollte es jetzt aussehen.

8

Stecke die Hinterhosenteile an der Schrittnaht bündig rechts auf rechts und schließe die Schrittnaht mit Geradstich.

Schau mal hier,

Sabine trägt Rumi in Größe 48 aus festem Jeansstoff. Ein schmales Shirt betont die auffällige Taillenpartie der Paperbag-Hose.

Varianten

Rumi kannst du als lange Hose oder als Bermuda nähen. Um eine Paperbag-Bermuda zu nähen, schneidest du die Saumkante an Vorder- und Hinterhose an der Linie für die Verlängerung bzw. Kürzung der Schnittmuster zu. Füge an der Kürzungslinie 6 cm Saumzugabe hinzu und klappe den Saum zum Fertigstellen zweimal 3 cm zur rechten Seite um. Steppe den Saum mit Geradstich (Stichlänge 3,5–4 mm) fest.

9

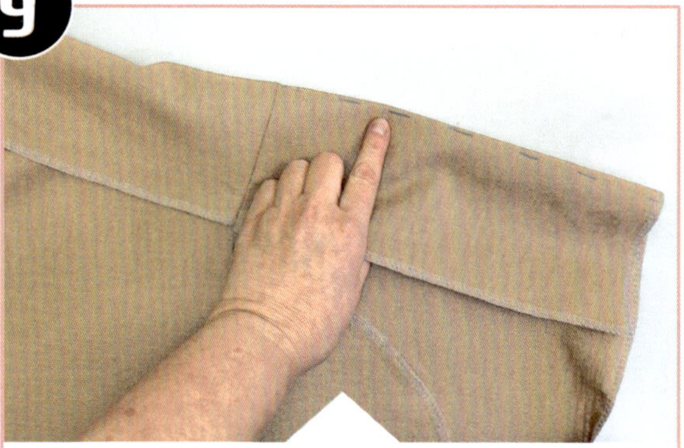

Klappe die Oberkante am Umbruch in Vorderhose und Hinterhose zur linken Stoffseite um.

10

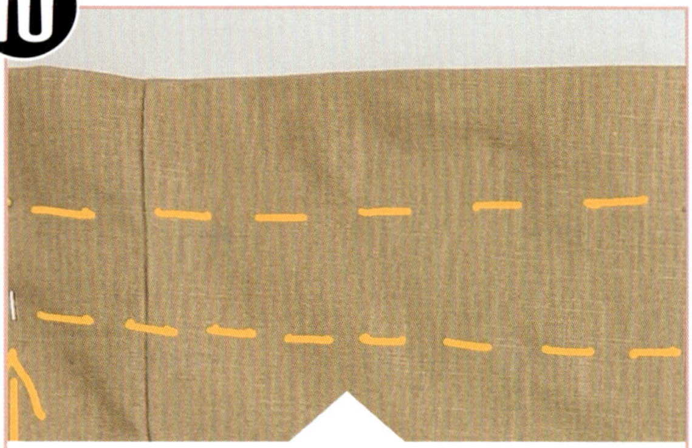

Für den Gummibandtunnel setzte du markierungsgemäß zwei Steppnähte. Auf dem Foto siehst du die Steppli-nien. Die Pfeile zeigen Anfang und Ende der Nähte.

11

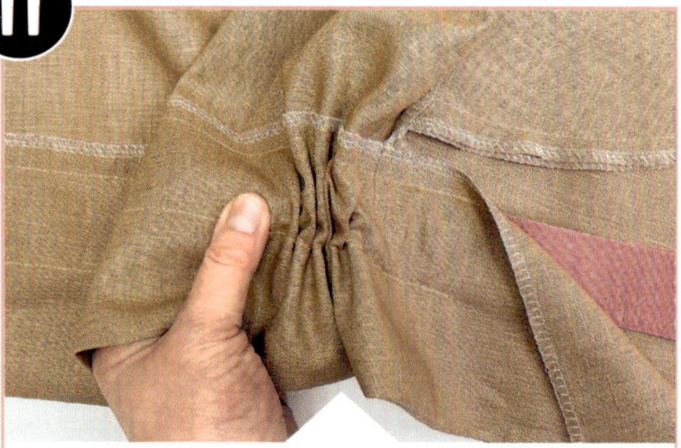

Ziehe das Gummiband mithilfe der Sicherheitsnadel in den Tunnelzug.

Stecke das freie Ende mit einer zweiten Sicherheitsnadel am Stoff fest, damit es nicht in den Tunnel rutscht.

12

Verteile den Stoff gleichmäßig auf dem Gummiband. Zieh das Gummi-band an beiden Enden des Tunnels jeweils 1 cm weit heraus und fixiere die Enden mit einer Stecknadel am Stoff.

13

Steppe Anfang und Ende des Gummibands jeweils an der senkrechten Markierung am Ende des Tunnels fest.

14

So sollte es jetzt aussehen.

15

Stecke die beiden Schrittkanten an der Vorderhose bündig rechts auf rechts und schließe die Schrittnaht mit Geradstich.

16

Klappe den Bund an der vorderen Umbruchmarkierung zur linken Stoffseite um und bügle ihn.

17

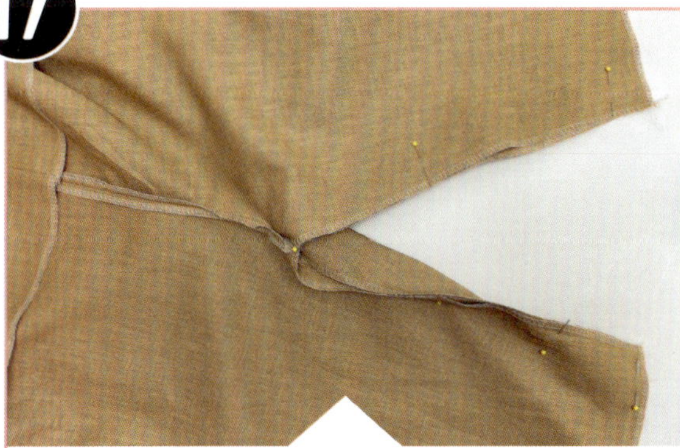

Stecke die Innenbeinkanten rechts auf rechts und schließe sie mit Geradstich.

18

Bügle an den Bindebandteilen die langen Kanten und eine kurze Kante 1 cm nach innen um. Bügle die Teile anschließend längs links auf links.

19

Steppe die Bänder jeweils von rechts knappkantig an den langen und der kurzen umgebügelten Kante mit Geradstich (Stichlänge 3–3,5 mm) ab.

20

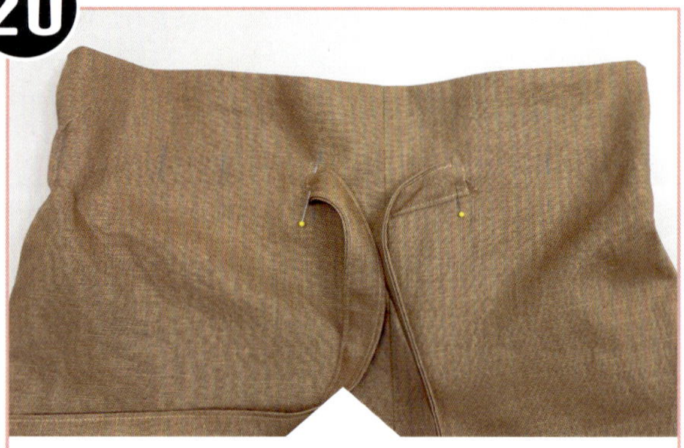

Stecke die Bindebänder mit den offenen Kanten an der ersten Markierung neben der vorderen Schrittnaht auf die rechte Stoffseite. Fixiere die Bänder mit Geradstich.

21

Jetzt kommen die Paperbag-Falten dran. Falte jeweils die Markierung, an der du das Gummiband festgenäht hast auf die Markierung daneben.

22

Die beiden anderen Markierungen faltest du jeweils genauso aufeinander.

23 Damit die Markierungen genau aufeinandertreffen, stichst du von innen jeweils 2 Stecknadeln oben und unten in die Markierung ein ...

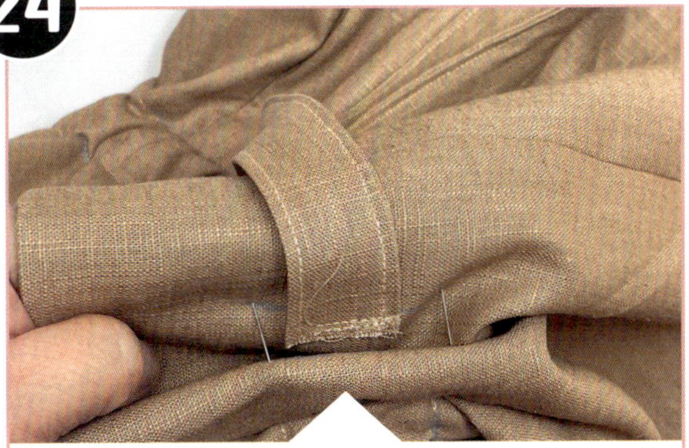

24 ... und steckst die Nadeln oben und unten in die zweite Markierung.

Mit diesen Lieblingsoberteilen aus TOPP 27037 kannst du Rumi kombinieren: Shirt Yola und Shirt Arlett.

25 Fixiere das Ganze mit längs gesteckten Stecknadeln, damit du weißt, wo die Naht startet und endet.

26 Nähe jeweils entlang der Markierung durch alle vier Stofflagen mit Geradstich. Anfang und Ende der Naht gut verriegeln.

27 So sollten die Nähte jeweils aussehen.

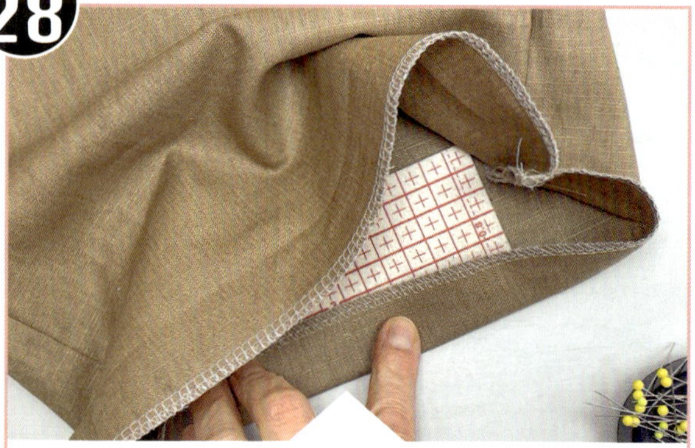

28 Falte die Säume an den Markierungen nach innen um und bügle sie.

29 Du kannst bei der Bermuda-Variante den Saum auch zweimal 3 cm zur rechten Stoffseite umklappen.

30 Steppe die Säume knappkantig in der Mitte der Versäuberungsnaht an.

RUMI

Nicole trägt in der langen Variante in Größe 42

Edlin

Let's work! Oder lass uns zumindest so tun. Denn die Hose mit den **VIELEN TASCHEN** und den **EGG-SHAPE-BEINEN** ist richtig **STYLISCH**. Das aufwendigste Hosenmodell in diesem Buch ist im Grunde nicht schwer zu nähen. Das schaffst du auch als Anfänger, solltest aber etwas Zeit einplanen. Denn all die Taschen, **ABNÄHER** und die **KNOPFLEISTE** wollen in Ruhe vorbereitet sein. Unter uns: Auch ich nähe diese Hose nicht in einem Rutsch. Meist nehme ich mir einen Nachmittag Zeit für die Vorbereitungen und nähe das coole Teil dann am nächsten Tag. Ich versäubere die Stoffkanten nach Möglichkeit mit der Overlock. Das geht nicht nur schneller, sondern sieht auch sauberer aus als der Zickzackstich der Nähmaschine.

Größe: 32-60

Passform: locker

Näh-Level: mittel

DAS BRAUCHST DU

- Denim, Stretch-Jeansstoff, Cord, Canvas oder fester Leinenstoff, 140 cm breit

Größe	32	34	36	38	40	42	44	46	48	50	52	54	56	58	60
Verbrauch in m	1,50	1,55	1,60	1,65	1,65	2,00	2,00	2,05	2,10	2,15	2,30	2,35	2,35	3,35	2,40

- 5 Jeansknöpfe, ø 17–20 mm
- farblich passendes Nähgarn
- Nähmaschine
- Overlock (optional)

SCHNITT MUSTER BOGEN 2A|2B

SARINA TRÄGT EDLIN IN GRÖSSE 36.

Größe 32-40

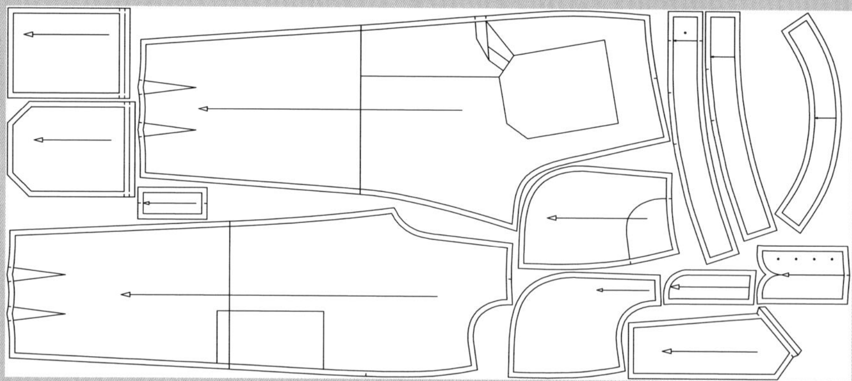

Größe 42-54

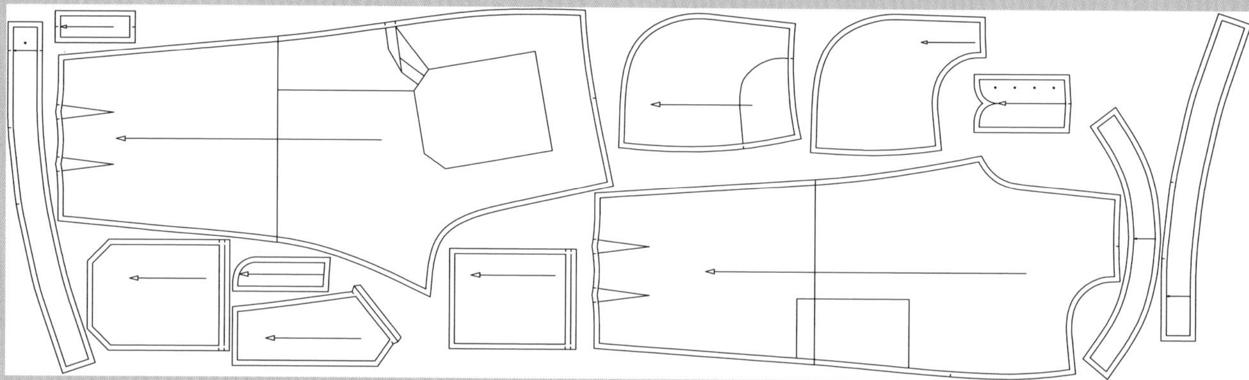

Größe 56-60

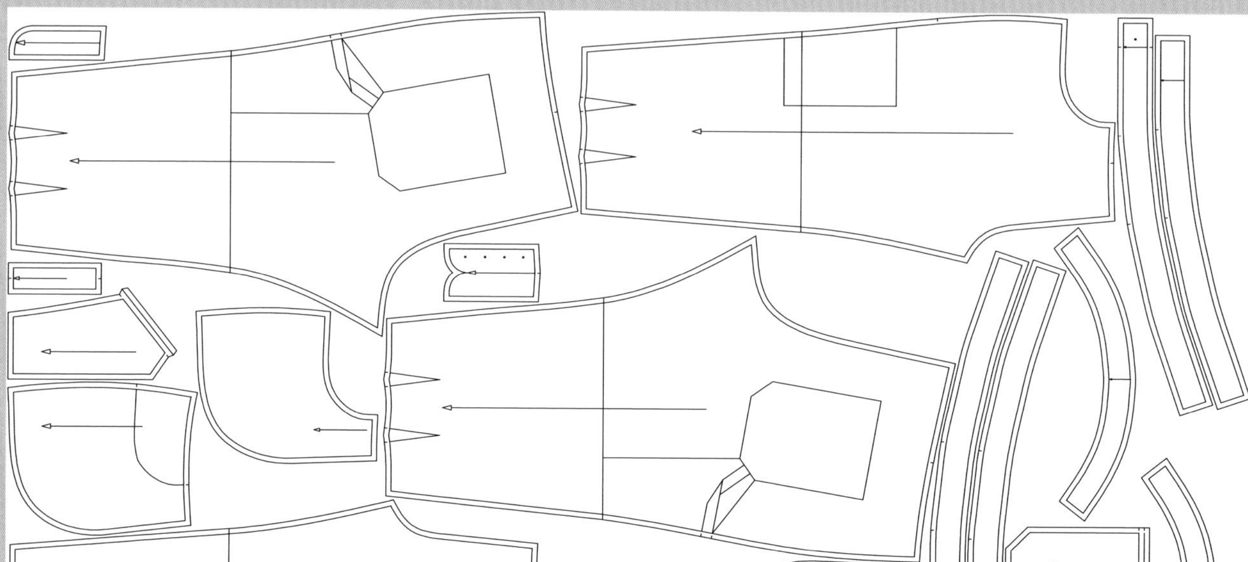

ZUSCHNITT

Die Schnittmuster enthalten 1 cm Nahtzugabe. Ab Größe 56 werden die Schnittteile in einfacher Stofflage zugeschnitten (siehe S. 76). Übertrage alle Markierungen vom Schnittmuster auf die Stoffzuschnitte. Auf dem Schnittmusterbogen findest du eine Schablone, mit der du die Position der Knopflöcher auf der Knopfleiste anzeichnen kannst.

- 2x Vorderhose gegengleich
- 2x Hinterhose gegengleich
- 2x Bund rechts gegengleich
- 2x Bund links gegengleich
- 1x Untertritt
- 1x Schlitzbeleg
- 2x Saumbeleg gegengleich
- 2x hinterer Taschenbeutel gegengleich
- 2x vorderer Taschenbeutel gegengleich
- 2x Gesäßtasche
- 1x Seitentasche
- 1x Zollstocktasche
- 1x Schlaufe

Hinweis: Du kannst die Seitentasche und die Zollstocktasche rechts oder links aufnähen. Für die Zollstocktasche rechts legst du das Schnittmuster mit der bedruckten Seite nach oben auf die rechte Stoffseite. Soll die Zollstocktasche links sitzen, heftest du das Schnittmuster mit der bedruckten Seite nach unten auf die rechte Stoffseite und schneidest dann zu. Die Schlaufe wird bei beiden Varianten auf der Seite der Seitentasche angenäht.

SO WIRD'S GEMACHT

1

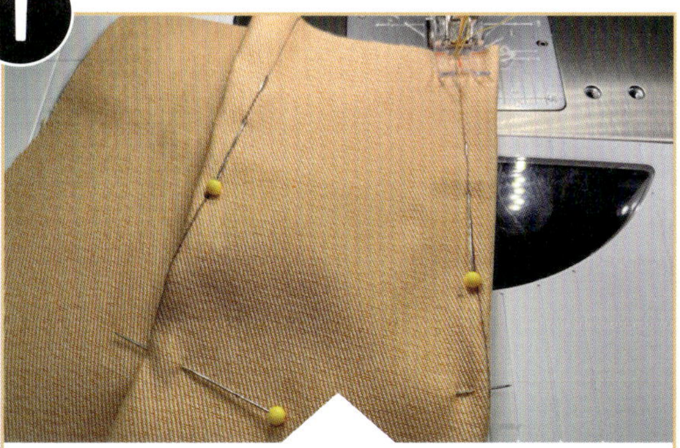

Falte Vorderhose und Hinterhose an den Abnähern markierungsgemäß rechts auf rechts. Die Linien der Abnäher treffen dabei genau aufeinander. Nähe die Abnäher auf der Markierung mit Geradstich ab. Starte die Naht an der Stoffkante und nähe am Ende ein paar Stiche über die Spitze des Abnähers hinaus, damit sich die Fäden verschlingen.

2

So sollten die Hosenbeine jetzt aussehen.

3

Stecke die vorderen Taschenbeutel jeweils bündig rechts auf rechts an eine Tascheneingriffkante in der Vorderhose. Nähe die Taschenbeutel mit Geradstich und 1 cm Nahtzugabe an.

4

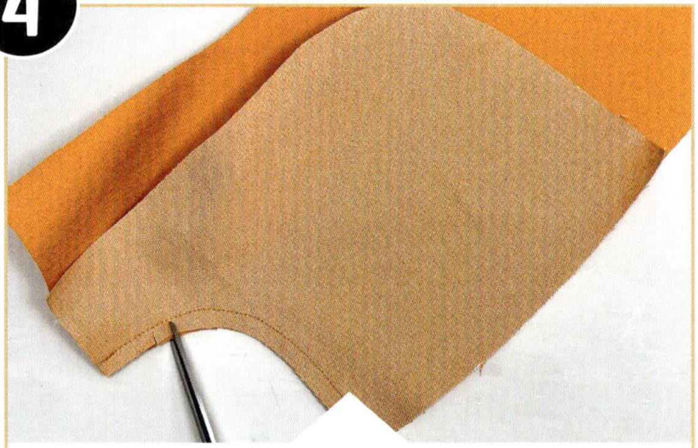

Knipse die Nahtzugaben bis kurz vor die Naht mit einer scharfen Schere ein. Achte darauf, dass du die Naht nicht versehentlich durchtrennst.

5

Falte die Taschenbeutel zur linken Stoffseite und bügle die Naht sauber aus. Steppe die gebügelten Eingriffkanten im Abstand von 3–4 mm mit einem längeren Geradstich (Stichlänge 3–3,5 mm) ab.

6

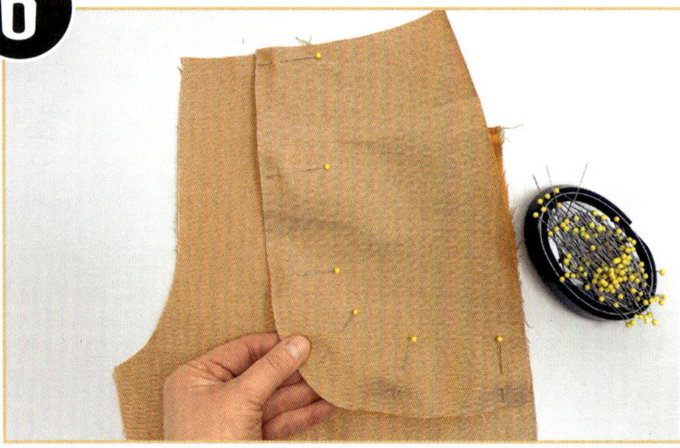

Stecke die hinteren Taschenbeutel an der gerundeten Kante bündig rechts auf rechts an die vorderen Taschenbeutel und nähe die Taschenbeutel entlang der Kante mit Geradstich und 1 cm Nahtzugabe zusammen. Versäubere die Nahtzugabe mit einem Zickzackstich deiner Nähmaschine oder mit der Overlock.

7

Lege die Vorderhosenteile mit der rechten Stoffseite nach oben. An den Seiten erkennst du einen kleinen Versatz zwischen Vorderhose und hinterem Taschenbeutel.

8

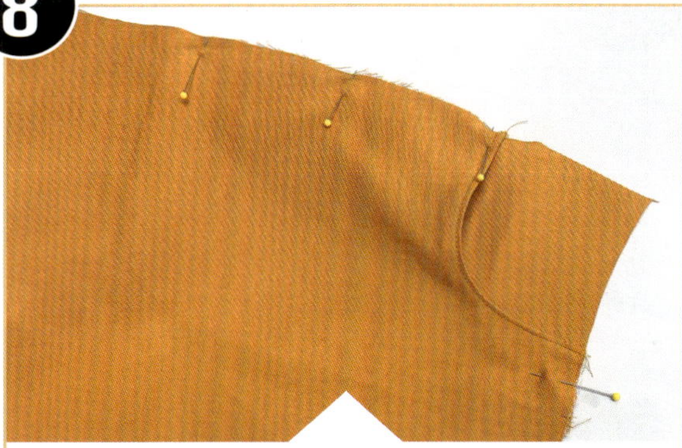

Stecke die Kanten beider Taschenbeutel bündig an die Seitenkanten der Vorderhose. An der Oberkante der Hose steckst du die Tasche an der Markierung neben dem Eingriff fest.

9

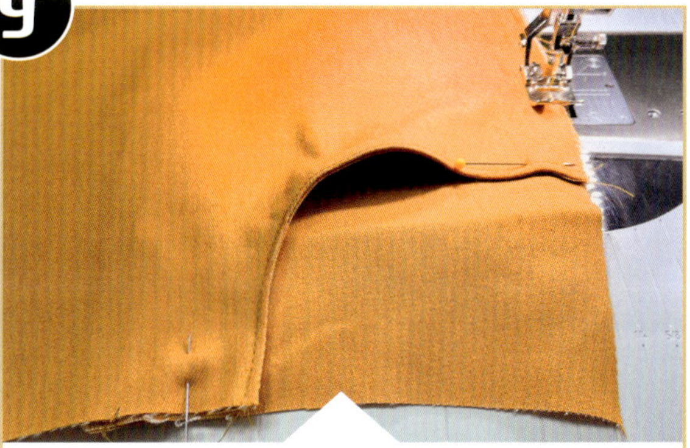

Fixiere alle drei Stofflagen (zwei Taschenbeutel + Vorderhose) mit Geradstich innerhalb der Nahtzugabe an der seitlichen Kante und der Oberkante der Vorderhose, damit beim Zusammennähen später nichts verrutscht.

10

Bügle die Oberkante der Gesäßtaschen sowie der Seiten- und Zollstocktasche markierungsgemäß zweimal 1 cm zur linken Stoffseite um. An den Gesäßtaschen und der Seitentasche bügelst du anschließend die Kanten rundherum 1 cm nach links. An der Zollstocktasche bügelst du die lange seitliche Kante und die kurze untere Kante um. Bügle an der Schlaufe die beiden langen Kanten jeweils 1 cm um. Anschließend wird die Schlaufe längs links auf links gebügelt.

11

Steppe die doppelten Umschläge an den Oberkanten der Taschen knappkantig mit Geradstich (Stichlänge 3–3,5 mm) ab.

12

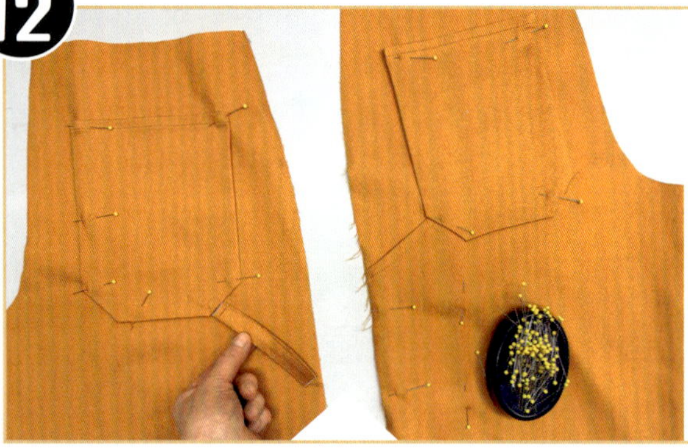

Stecke die Gesäßtaschen markierungsgemäß an die Hinterhosenteile. Bei Zuschnitt hast du entschieden, ob die Zollstocktasche links oder rechts sitzen soll. Die Schlaufe kommt jeweils an das anderen Hinterhosenteil. Stecke Schlaufe und Zollstocktasche mit 1 cm Nahtzugabe jeweils unter eine der schrägen Taschenecken.

13

Verdrehe die Schlaufe einmal in sich und stecke sie markierungsgemäß an der Seitenkante fest. Die offene Stoffkante der Zollstocktasche fixierst du bündig links auf rechts mit Stecknadeln an der Seitenkante.

14

Nähe die Gesäßtaschen und die Zollstocktasche knappkantig mit Geradstich (Stichlänge 3–3,5 mm) auf die Hinterhose.

15

Fixiere das Ende der Schlaufe und die offene Stoffkante der Zollstocktasche mit einer Hilfsnaht innerhalb der Nahtzugabe der Hinterhose. Das erleichtert später das Zusammennähen.

16

Falte den Untertritt bündig rechts auf rechts und fixiere die Stofflagen an der unteren, gerundeten Kante mit Stecknadeln. Nähe die gerundeten Kanten mit Geradstich und 1 cm Nahtzugabe zusammen. Kürze dann die Nahtzugaben bis kurz vor die Naht ein.

17

Wende den Untertritt. Wenn du möchtest, kannst du die offene Stoffkante versäubern. Bügle den Untertritt gut aus und stecke ihn bündig an die obere Kante und die Schrittkante des rechten Vorderhosenteils.

18

Nähe den Untertritt mit Geradstich und 1 cm Nahtzugabe an die Schrittkante in der Vorderhose.

19

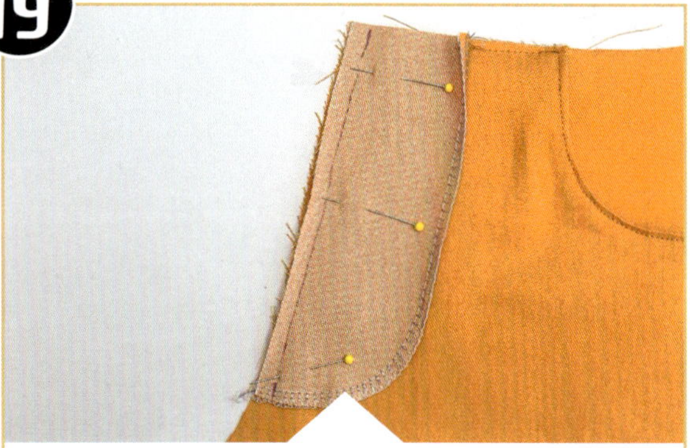

Stecke den Beleg rechts auf rechts bündig an die obere Kante und die Schrittkante des linken Vorderhosenteils.

20

Nähe den Beleg mit Geradstich und 1 cm Nahtzugabe an die Schrittkante.

21

So sollten die Vorderhosenteile jetzt aussehen.

22

Stecke die beiden Vorderhosenteile an der Schrittkante rechts auf rechts. Die Enden der Beleg- bzw. Untertrittnaht treffen genau aufeinander.

23

Stich mit der Nadel in den letzten Stich der Beleg- bzw. Untertrittnaht ein und schließe die Schrittnaht Richtung Innenbeinnaht.

24

Bügle den Untertritt gut aus. Klappe den Schlitzbeleg zur linken Stoffseite um und bügle ihn ebenfalls.

25

Markiere mithilfe der Knopflochschablone den Verlauf der Steppnaht, mit der du den Schlitzbeleg an die Vorderhose nähst. Steppe den Beleg auf dieser Linie mit Geradstich fest.

26

Klappe die Nahtzugaben des Untertritts in Richtung Taschenbeutel und steppe sie mit Geradstich an.

27

So sollte es jetzt aussehen.

83

28

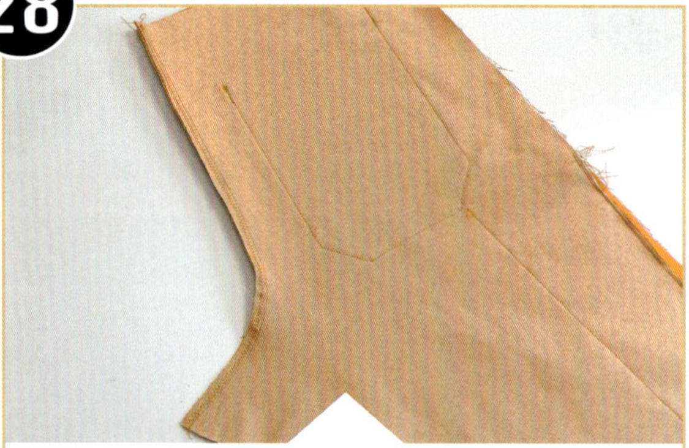

Stecke die Hinterhosenteile an der Schrittkante bündig rechts auf rechts und nähe die Teile an der Kante zusammen. Versäubere die Nahtzugaben.

29

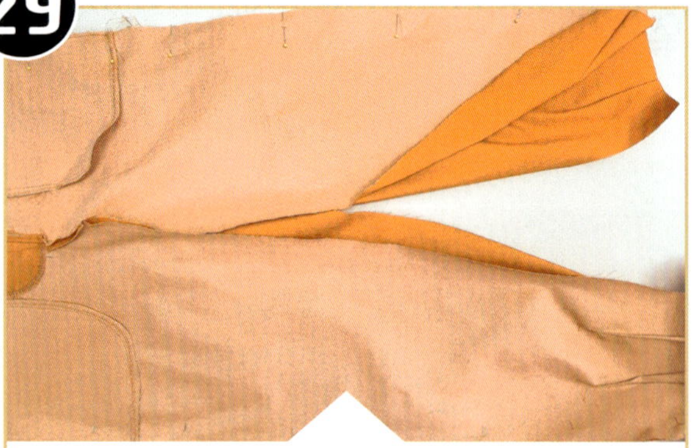

Stecke Vorder- und Hinterhose an den Seitenkanten bündig rechts auf rechts. Schließe die Seitennähte mit Geradstich und versäubere die Nahtzugaben. Bügle die Seitennähte aus.

30

Stecke an der Seite mit der Schlaufe markierungsgemäß die Seitentasche fest nähe sie knappkantig mit Geradstich an.

31

Wende die Hose und stecke die Innenbeinnähte von Vorder- und Hinterhose bündig rechts auf rechts; die Schrittnähte treffen genau aufeinander. Schließe die Nähte mit Geradstich und versäubere die Nahtzugaben.

Mit diesen Lieblingsoberteilen aus TOPP 27037 kannst du Edlin kombinieren: Racerback-Top Sisco, Tunika Minze, Shirt Yola, Bluse Rosario, Shirt Arlett, Sweater Sawa, Zipfelshirt Quinn und Hoodie-Pullunder Ennis.

32

Stecke die beiden linken Bundzuschnitte an der oberen, nach innen gerundeten Kante bündig rechts auf rechts.

33

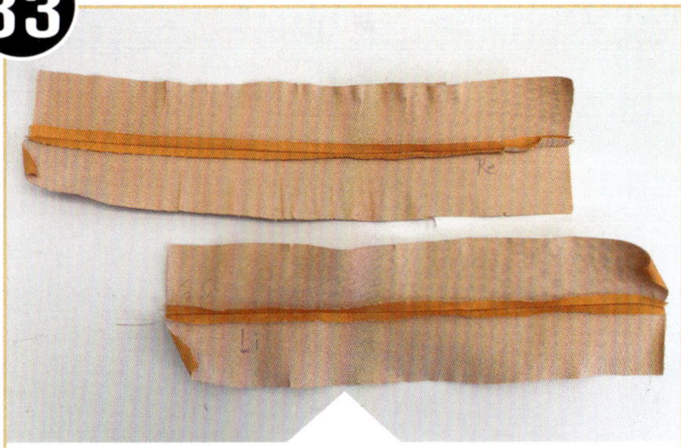

Nähe die Stoffkanten mit Geradstich zusammen und bügle sie gut aus. Dasselbe machst du mit den Bundzuschnitten für die rechte Seite.

34

Nähe die beiden Bundteile an der hinteren Kante rechts auf rechts zusammen und bügle die Nahtzugaben auseinander.

35

Stecke den Bund ringsum rechts auf rechts bündig an die Oberkante der Hose. Rechts ragt der Bund 1 cm breit über den Untertritt …

36

… links ragt der Bund 1 cm über den Beleg.

37

Nähe den Bund mit 1 cm Nahtzugabe an. Bügle die offene Kante des Bunds 1 cm auf links.

38

Stecke die vorderen, kurzen Kanten des Bunds rechts auf rechts und nähe sie mit Geradstich und 1 cm Nahtzugabe zusammen.

39

Kürze die Nahtzugaben in den Ecken etwas ein, wende den Bund auf rechts und bügle die Kanten. Klappe die offene Bundkante nach innen. Die Nahtzugabe der Bundnaht legst du nach oben in den Bund.

40

Klappe die offene Bundkante so weit in die Hose, dass sie die Naht verdeckt. Stecke die Kante rundherum fest.

41

Steppe den Bund von der rechten Stoffseite aus an allen vier Seiten knappkantig mit Geradstich (Stichlänge 3–3,5 mm) ab; dabei fixierst du auch die innen liegende Bundkante.

Für diese Steppnähte, aber auch für die Taschen und Knopflöcher kannst du auch kontrastfarbiges Garn oder Jeansgarn verwenden. Denk aber dran, vorher die Nadel zu wechseln und gegebenenfalls die Fadenspannung etwas zu lockern, damit die Knopflöcher später besonders schön aussehen. Unbedingt vorher an einem Probestück testen.

42

Stecke jeweils die kurzen Kanten der Saumbelege rechts auf rechts und nähe sie mit Geradstich zusammen. Versäubere die obere, nach außen gerundete Kante der Saumbelege. Wende die Hose auf rechts.

43

Stecke die untere schmale Kante der Belege rechts auf rechts an die Beinöffnungen. Klappe die Abnäher von Vorder- und Hinterhose schön glatt zur Seitennaht hin. Beachte die Markierungen für vorn und hinten an den Belegen. Nähe die Saumbelege mit Geradstich an.

44

Klappe die Saumbelege nach innen, sodass die Naht genau im Stoffbruch liegt. Stecke die Belege fest.

45

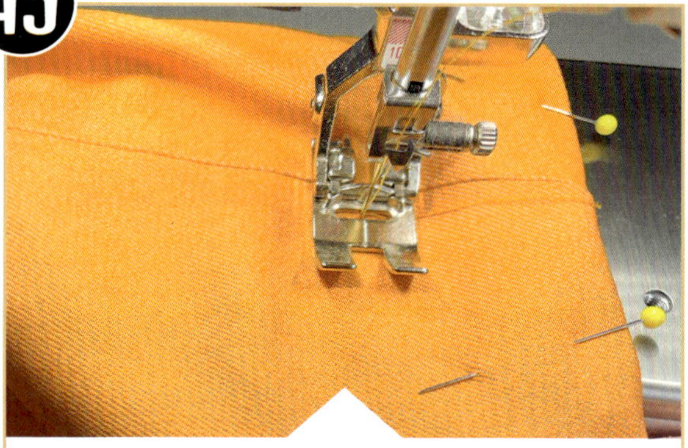

Nähe die Belege in der Mitte der Versäuberungsnaht an. Du kannst von der rechten oder linken Stoffseite nähen.

46

Markiere mit der Knopflochschablone die Position der Knopflöcher an der linken Vorderhose. Die Schablone stößt an der unteren Bundkante an und liegt bündig an der Stoffkante des Schlitzbelegs. Nähe die vier Knopflöcher im Schlitzbeleg und ein Knopfloch im Bund. Achte darauf, dass du die Länge der Knopflöcher an die gewählten Knöpfe anpasst.

47

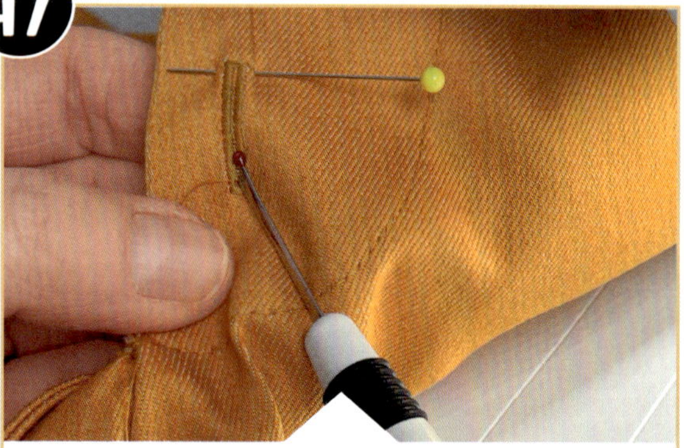

Öffne die Knopflöcher mit einem Nahttrenner. Stecke kurz vor dem Ende der Knopflöcher eine Nadel quer, damit du nicht versehentlich die Naht durchtrennst.

48

Bringe die Knöpfe markierungsgemäß an der rechten Vorderhose an. Geschafft!

Schau mal hier,

Sabine trägt Edlin in Größe 46 (Taille) und Größe 48 (Hüfte abwärts) aus Stretch-Jeans. Ein wandelbares Kombiteil, das sich auch gut eignet, um das Shirt in einem sexy French Tuck zu tragen. Dann sieht man die auffällige Knopfleiste sehr schön.

Die richtige GRÖSSE

Deine Maße bestimmen

Bevor du mit dem Nähen startest, solltest du deine Maße korrekt bestimmen, damit du dein Lieblingsteil in der richtigen Größe nähst. Am besten lässt du dir beim Maßnehmen helfen, damit das Maßband wirklich straff und waagerecht über die entsprechenden Stellen deines Körpers gelegt wird.

Die Höhe der Taille kann je nach Körperform etwas abweichen. Wenn du nicht so recht weißt, wo deine Taille liegt, beuge den Oberkörper mit locker hängendem Arm zur Seite. Die Stelle, an der dein Körper abknickt, ist deine Taille..

Einige Modelle in diesem Buch sind oversized geschnitten. Bei anderen Schnitten wird die Körperform durch die Schnittführung betont. Insgesamt ist die Kleidung in diesem Buch aber eher lässig und etwas locker konzipiert, damit du dich darin gut bewegen kannst und maximal wohlfühlst.

1. Taillenweite
2. Hüftweite
3. Oberschenkelweite
4. Saumweite

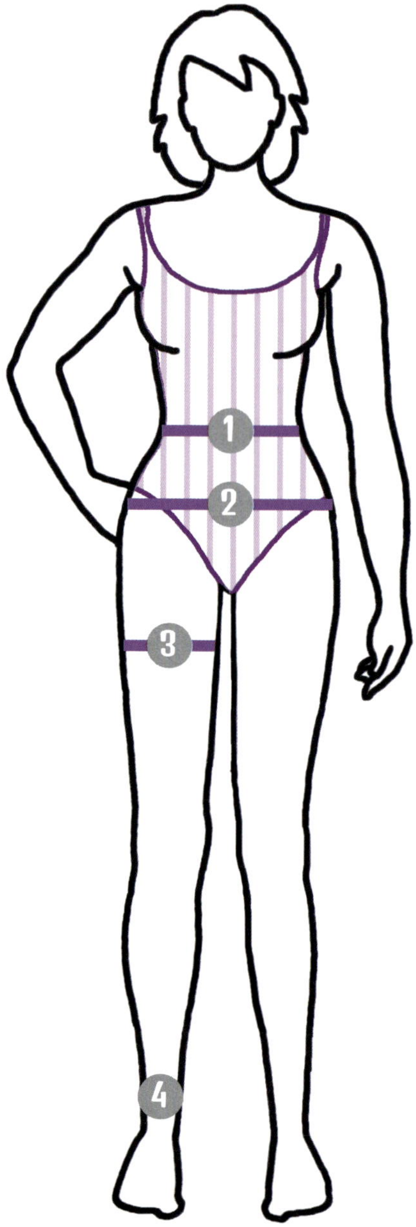

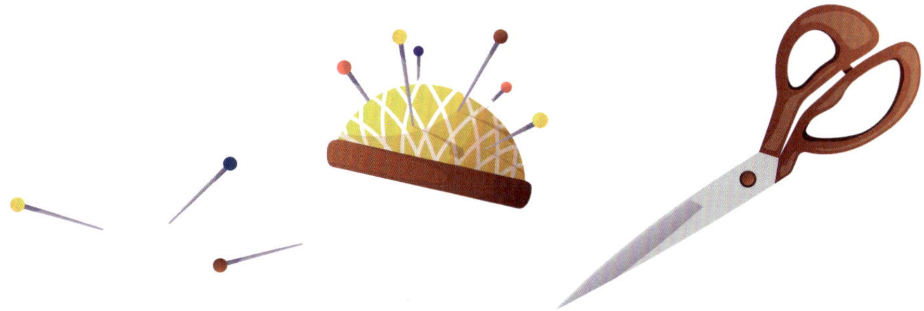

Die passende Größe finden

Vergleiche deine gemessenen Maße mit der Körpermaßtabelle, um deine Größe zu bestimmen. Die Modelle in diesem Buch sind locker geschnitten. Wenn du deine Kleidung gerne etwas körpernah trägst, wähle ggf. die nächstkleinere Größe. Liebst du es locker, wähle die nächstgrößere Größe.

Du kannst zur Bestimmung der richtigen Größe auch die Maße des jeweiligen Modells anhand der Maßtabellen auf Seite 101-105 ablesen und mit einem gut sitzenden Oberteil aus deiner Garderobe vergleichen.

Körpermaßtabelle

Größe	32	34	36	38	40	42	44	46	48	50	52	54	56	58	60
Körperlänge	168	168	168	168	168	168	168	168	168	168	168	168	168	168	168
Taillenweite	60	64	68	72	76	80	84	90	96	102	108	114	120	126	132
Hüftweite	85	89	93	97	101	105	109	114	119	124	129	134	139	144	149
Oberschenkelweite	52,5	54,5	56,5	58,5	60,5	62,5	64,5	67	69,5	72	74,5	77	79,5	82	84,5

Alle Angaben in cm.

SCHNITTE *anpassen*

Dir geht es wie mir und deine Maße wollen einfach nicht zur vorgegebenen Tabelle passen? Kein Problem. Ich zeige dir, wie du einen Schnitt „zwischen den Größen" zauberst und verlängerst oder kürzt.

Schnitte an deine Figur anpassen

Nimm zunächst deine Maße an Taille, Hüfte und Oberschenkel. Bestimme anhand der gemessenen Werte die passende Größe für die drei Körperbereiche. Damit du weißt, in welcher Höhe du anschließend die Markierungen anzeichnen musst, kannst du einfach das Schnittmuster an deinen Körper halten. Das geht am besten, wenn dir jemand hilft.

Markiere die Größen mit Punkten auf den Schnittlinien.

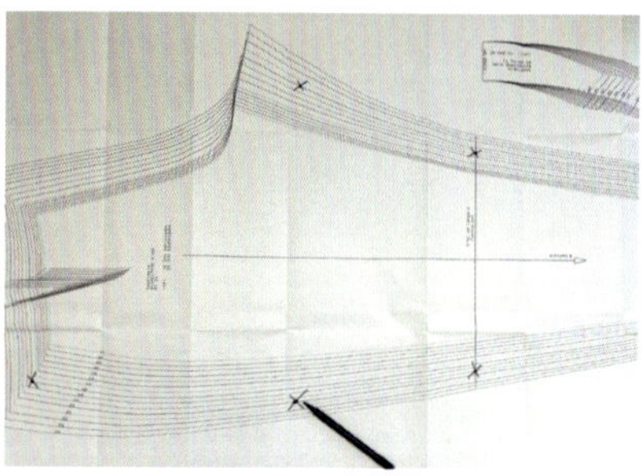

Verbinde die Punkte angleichend mit dem Schneiderlineal. Dabei kannst du die Linealkante verwenden, die am besten zu deiner Körperform passt.

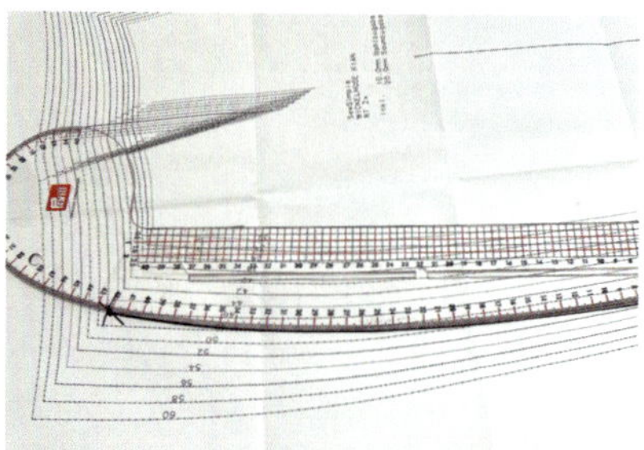

Zum Vergleich: die rote Linie kennzeichnet den „regulären" Schnittverlauf, die schwarze Linie verläuft „zwischen den Größen".

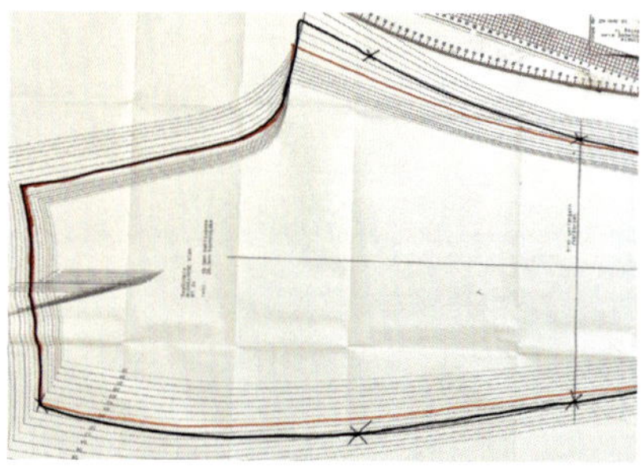

Hinweis: Achte darauf, dass du Vorder- und Hinterhose in derselben Höhe änderst. Dabei kannst du dich am Hosensaum orientieren, denn Vorder- und Hinterhose sind oft unterschiedlich hoch geschnitten.

Schnitte verlängern oder kürzen

Die Hosenschnitte in diesem Buch haben wie die meisten Schnitte von SewSimple Linien, an denen du sie „schnittkonform" verlängern oder kürzen kannst. Schnittkonform bedeutet, dass du die Schnitte ohne Verlust der Passform verändern kannst.

SCHNITTE VERLÄNGERN

Schneide das Schnittmuster an der Linie „hier verlängern/kürzen" auseinander.

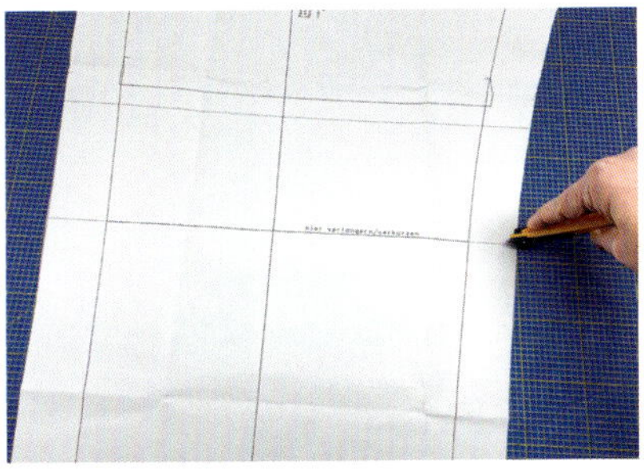

Zum Verlängern klebst du ein Stück Papier unter ein Schnittteil und zeichnest darauf parallel zur Schnittkante eine Linie im Abstand der gewünschten Verlängerung.

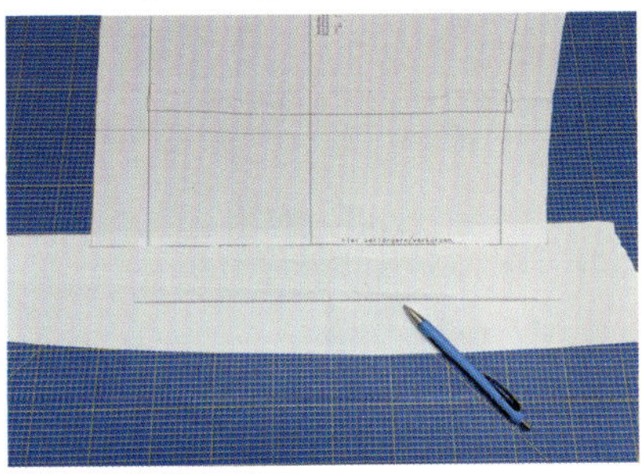

Klebe das zweite Schnittteil an der neuen Linie an.

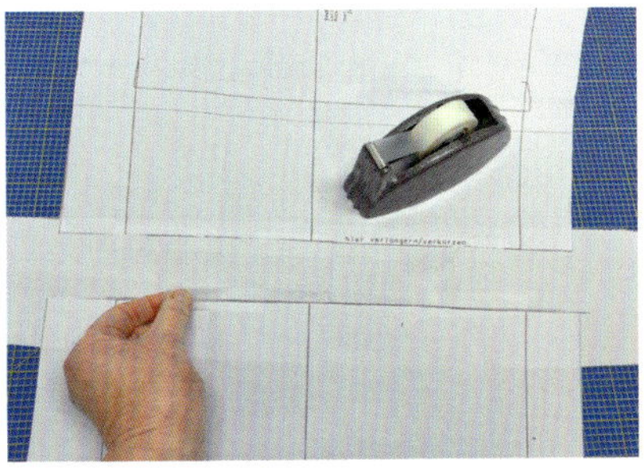

Verbinde die Schnittlinien mit einem Schneiderlineal. Jetzt kannst du den Schnitt ausschneiden und verwenden.

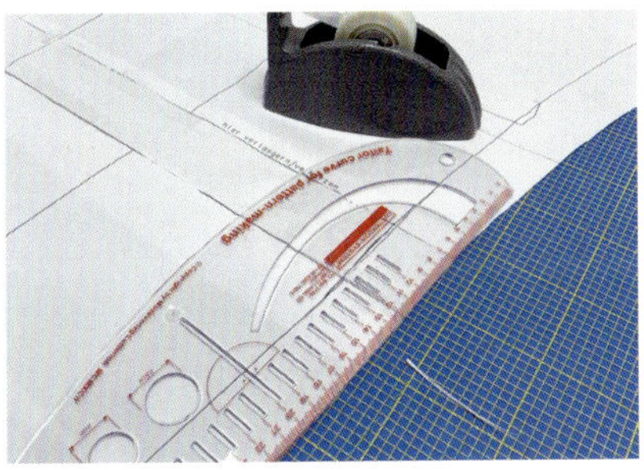

SCHNITTE KÜRZEN

Zum Kürzen trennst du das Schnittmuster an der Linie „hier verlängern/kürzen" auseinander, kürzt es um die gewünschte Länge ein und klebst es wieder zusammen.

Falls sich beim Zusammenfügen eine Stufe bildet, klebst du einen Streifen Papier unter die Verbindungsstelle und gleichst sie mit dem Schneiderlineal an.

Bevor du deinen Lieblingsstoff anschneidest, teste an einem Probemodell aus günstigem Stoff, ob die Änderungen die gewünschte Passform gebracht haben.

Das brauchst du zum NÄHEN

Bevor du mit Volldampf mit dem Nähen deiner neuen Hosen loslegst, solltest du checken, ob du das notwendige Zubehör am Start hast. In diesem Abschnitt schauen wir uns an, was du brauchst, um die Modelle in diesem Buch umzusetzen.

SCHNITTMUSTERPAPIER UND STIFT, um die Schnittteile deines Lieblingsmodells in der richtigen Größe vom Schnittbogen zu kopieren.

STOFFSCHERE: Besorg dir die beste Schere, die du dir leisten kannst und hege und pflege sie liebevoll. Dann wird sie dir viele Jahre lang Freude bereiten.

Auch hochwertige Scheren sollten gelegentlich nachgeschliffen werden. Vielleicht hast du ja einen Scherenschleifer in der Nähe. Sollte deine Schere eine Mikrozahnung haben, fällt das Schleifen allerdings aus, denn dadurch würde die feine Zahnung der Schneideblätter zerstört werden.

PAPIERSCHERE zum Ausschneiden der Schnittteile. Deine Stoffschere ist für diesen Einsatz definitiv eine Fehlbesetzung, weil sie vom Papierschnippeln stumpf wird.

FADENSCHERE: Eine spitze kleine Fadenschere ist perfekt, um Fäden ganz nah am Stoff abzuknipsen oder Nähgarn vor dem Einfädeln noch mal anzuschneiden. Sie eignet sich auch super, um Passzeichen vom Schnitt auf den Stoff zu übertragen. Dafür machst du einfach 3–5 mm tiefe Knipse in die Nahtzugabe. Auch zum Fertigstellen eines neuen Kleidungsstücks gehört es, alle Fäden sauber abzuschneiden. Das lässt den Look einer Bluse oder eines Shirts gleich viel professioneller wirken.

MASSBAND, um an dir selbst Maß zu nehmen und die richtige Schnittgröße zu ermitteln, sowie zum Zuschneiden der Stoffe.

Kleb dir ein Maßband mit doppelseitigem Klebeband an die Tischkante deines Zuschneidetischs. Dann hast du immer fix ein Lineal zur Hand, um Gurtbänder, Borten, Webbänder und vieles mehr abzumessen.

STOFFGEWICHTE: Mit ihnen kannst du das Schnittmuster beim Zuschneiden auf dem Stoff fixieren. Du kannst sie außerdem verwenden, um große Stoffstücke am Verrutschen zu hindern, besonders wenn sie über die Kante des Zuschneidetischs hängen.

KREIDE ODER TEXTILMARKER, um Passzeichen oder Markierungen zu übertragen. Dadurch werden bei einfarbigen Stoffen rechte und linke Stoffseite markiert.

Bei einfarbigen Stoffen erkennst du die rechte Stoffseite oft daran, dass sie einen etwas intensiveren Farbton hat als die Rückseite.

STECKNADELN: Mittelfeine, etwas längere Stecknadeln sind ein Must-have. Sie markieren Strecken, halten Nahtzugaben auseinander, fixieren Stoffteile und Reißverschlüsse. Und sie dienen als Präzisionsinstrument, mit dem du den Stoff beim Nähen millimetergenau vor der Nadel ausrichten kannst.

Sortiere verbogene Stecknadeln immer sofort aus. Stumpfe Nadeln, die ansonsten tipptopp sind, kannst du schärfen, indem du sie statt in ein Nadelkissen in ein Stück Seife steckst.

STOFFCLIPS: Ein kleines Set Stoffclips ist nützlich, wenn du gerne dicke oder feste Stoffe verarbeitest. Denn statt angestrengt zu versuchen, mehrere dicke Stoffschichten mit einer Stecknadel zu durchstechen, klammerst du sie einfach mit einem Stoffclip zusammen.

ROLLSCHNEIDER: Ein cooles Gerät, mit dem du lange Strecken schnell und präzise zuschneiden kannst. Die Klinge des Rollschneiders sollte ausgetauscht werden, sobald sie anfängt, beim Schneiden einzelne Fäden auszulassen.

NÄHGARN: Ein gutes Nähgarn, das zur Farbe des Stoffes passt, verdient besondere Aufmerksamkeit, weil es deine Kleidung zusammenhält. Du kannst entscheiden, ob du Nähgarn aus Polyester oder aus Baumwolle verwendest.

Gutes Garn erkennst du daran, dass es glänzt, flusenfrei und fest gezwirnt ist.

NAHTTRENNER: Auch wenn dich früher oder später eine Art Hassliebe mit diesem Helferlein verbinden könnte – ein Nahttrenner gehört einfach dazu. Mit ihm lassen sich Nähfehler fix beheben. Achte darauf, dass der Nahttrenner schön scharf ist und gut in der Hand liegt.

Um möglichst präzise mit dem Nahtrenner zu arbeiten, solltest du den Stoff schön straff halten. Auch das Auseinanderbügeln der Nahtzugaben kann helfen, die Naht leichter aufzutrennen.

Welche MASCHINE eignet sich WOFÜR?

In diesem Abschnitt gebe ich dir einen kurzen Überblick über die Maschinen, die man im Hobbybereich zum Nähen von Kleidung einsetzen kann.

Die Haushaltsnähmaschine

In der industriellen Fertigung von Textilien gibt es Industrienähmaschinen, die mit enormer Geschwindigkeit über den Stoff sausen. Für uns Hobby-Sewistas genügt eine ganz normale Haushaltsnähmaschine. Dabei kommt es gar nicht darauf an, ein möglichst teures Modell zu kaufen. Wichtig ist, dass die Maschine dir bietet, was du brauchst. Und dass du dich mit ihr wohlfühlst.
Mit einer Haushaltsnähmaschine kannst du, sofern du die richtige Einstellung gefunden hast,

- Webware, Wirkware und Nonwoven Fabrics wie zum Beispiel Korkstoff oder Filz verarbeiten,
- Säume und Nahtzugaben versäubern,
- Reißverschlüsse und Knopflöcher nähen,
- Zierstiche und verschiedene Schriftarten (je nach Maschine unterschiedlich) zaubern.

Dabei ist es wichtig, eine Nähmaschinennadel zu verwenden, die zur Stoffart und auch zur Stärke des Stoffs passt (siehe Seite 98-103).

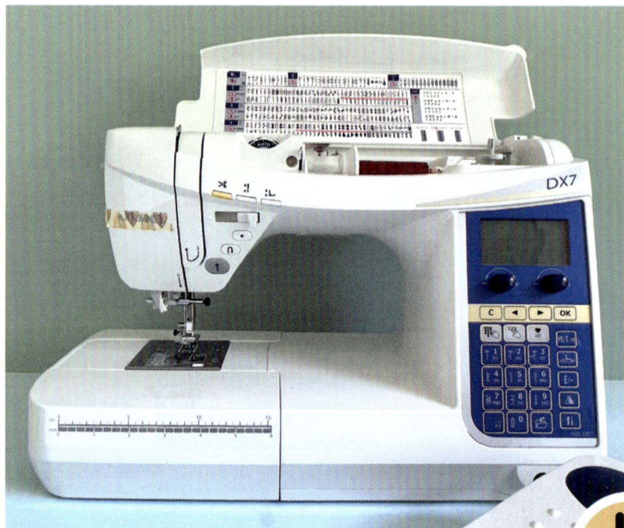

Dass du die perfekte Maschine für dich gefunden hast, merkst du vor allem daran, dass es dich immer wieder magisch zu ihr hinzieht. Zum Beispiel dann, wenn du dir ganz fest vorgenommen hattest, die Fenster zu putzen …

Die Overlock

Die Overlock, uns Hobby-Nähsüchtigen auch als „Ovi" bekannt, ist die perfekte Ergänzung zur Nähmaschine. Wenn du viel Kleidung nähst, kommst du an dieser Anschaffung kaum vorbei. Gerade für die Verarbeitung von Jersey und anderen dehnbaren Stoffen ist sie fantastisch, weil sie Elastisches so schön gleichmäßig transportiert. Allerdings findet das Nähen, anders als bei der Nähmaschine, nur am Stoffrand statt. Du kannst also mit der Ovi nicht mitten auf dem Stoff nähen.

Die Ovi ist ein echter Tausendsassa. Sie kann

- Webware und Wirkware verarbeiten,
- gleichzeitig die Nahtzugabe trimmen, versäubern und nähen,
- Säume nähen (z. B. Rollsäume oder Flatlocksäume),
- Projekte mit Overspitze oder Paspeln dekorieren und vieles mehr.

Anders als die Nähmaschine, die mit einer Oberfadenspule und einer Unterfadenspule funktioniert, läuft die Overlock mit zwei Greifer- und zwei Nadelfäden. Mit ihnen erzeugt sie diese blitzsauberen, elastischen Nähte, wie du sie z. B. von gekauften T-Shirts kennst.

Die Covermaschine

Kein Muss – aber für Vielnäherinnen und Vielnäher durchaus eine Überlegung wert. Ihr Job ist es, professionell aussehende Säume zu nähen. Schau dir den Saum eines gekauften Shirts an: Meist findest du auf der einen Seite zwei oder drei gerade Nähte, die parallel verlaufen, und auf der Unterseite eine breite Naht mit sich überkreuzenden Fäden. So sieht eine Covernaht aus. Dabei ist es ganz deine Entscheidung, ob die Geradstiche auf der rechten oder linken Stoffseite verlaufen. Beides ist super. Du kannst die Cover einsetzen, um

- Kleidung zu säumen,
- Nähte und Nahtzugaben abzusteppen (z. B. die Schulternähte von Raglan-Pullis),
- Kettstiche zu nähen (z. B. auf Taschen, Kissen oder Kleidung).

Die Cover arbeitet wie die Overlock mit mehreren Garnkonen. Das ermöglicht es dir, schöne Ziernähte in allen Farben des Regenbogens zu kreieren. Schlichte Shirts oder Hosen können damit ganz easy aufgehübscht werden.

Du hast nicht genug Platz für Overlock und Cover? Dann ist vielleicht eine Coverlock das Richtige für dich. Diese Maschine ist eine Art Best-of aus Overlock und Cover, die je nach Bedarf und Einsatzart umgebaut werden kann.

STOFFarten

In diesem Buch verarbeiten wir gängige Stoffarten, die du in jedem Stoffladen oder auch online finden kannst. Es sind sowohl Schnittmuster für Webware, also unelastische Stoffe wie Leinen, Baumwollgewebe oder Denim, als auch für Wirkware enthalten. Gewirkte Stoffe sind zum Beispiel Jersey, Sweat oder auch Strickstoffe.

Webware

BAUMWOLLWEBWARE

Ein unkomplizierter Stoff, der sich großartig zum Nähen von Kleidung eignet. Baumwollwebware kann je nach Verarbeitung ganz unterschiedlich aussehen.

POPELINE: robuster, mittelschwerer Stoff, der sich für die gesamte Oberbekleidung nutzen lässt.
Verarbeitung: Universalnadel, Stärke 80–90

DENIM: robuster Stoff, aus dem sich sehr gut Hosen und Jacken nähen lassen. Hemden-Jeans ist weicher und dünner und damit auch super für Blusen und leichte Sommerhosen geeignet.
Verarbeitung Hemdenjeans: Universalnadel, Stärke 80–90
Verarbeitung Hosendenim: Jeansnadel, Stärke 80–100

CANVAS: festes, Gewebe, das sich gut zum Nähen von Röcken, Hosen oder Jacken eignet.
Verarbeitung: Universalnadel, Stärke 80–100

CORD

Cordstoff ist strapazierfähig und fällt durch seine samtige Rippstruktur auf. Achte beim Zuschnitt darauf, dass die Strichrichtung bei allen Schnittteilen dieselbe ist – und zwar so, dass sich der Flor des Stoffes Richtung Saum „sträubt". Wenn du mit der Hand vom Saum Richtung Taille streichst, sollte der Flor schön glatt liegen.
Verarbeitung: Universalnadel, Stärke 90–100

LEINEN UND LEINENMISCHGEWEBE

Kühl, robust und sehr wandelbar, so präsentiert sich einer der absoluten Lieblingsstoffe vieler Nähfans. Der natürliche Stoff weist eine etwas unregelmäßige Webart auf, franst leicht aus und entwickelt beim Tragen einen edlen Knitter. Wenn du darauf nicht so stehst, greifst du am besten zu Leinenmischgewebe, das zum Beispiel Viskose enthält. Leinen-Viskose-Mix zeichnet sich dadurch aus, dass er die Struktur von Leinen mit der kühlen Glätte von Viskose verbindet.
Verarbeitung: Universalnadel, Stärke 70–90

Wenn du reines Leinen magst, dich aber das leichte Piezen der Fasern beim Tragen stört, solltest du den Stoff (und/oder das fertige Kleidungsstück) vor dem ersten Tragen mehrmals waschen. Dadurch brechen die feinen Fasern, der Stoff wird glatter, weicher, saugfähiger und angenehmer zu tragen.

BATIST

Feines, aber festes Gewebe, das herrlich leicht auf der Haut liegt; seine glänzende Oberfläche gibt ihm einen kühlen Griff; Batist ist besonders für Anfänger sehr zu empfehlen, weil der Stoff aufgrund seiner dichten Webart nicht zum Ausfransen neigt.

Wirkware

Wirkware sind Stoffe, die auf großen Industriestrickmaschinen hergestellt wurden. Die Verarbeitungstechnik ist der Grund dafür, dass viele gewirkte Stoffe elastisch sind. Zur Wirkware gehören ganz unterschiedliche Stoffe.

JERSEY

Ein weicher Stoff aus Baumwolle, oft mit einem kleinen Anteil Elasthan, der die Dehnbarkeit unterstützt und dafür sorgt, dass das Kleidungsstück beim Tragen in Form bleibt. Jersey fühlt sich geschmeidig und weich auf der Haut an und lässt sich gut zu T-Shirts, Leggings, Joggpants oder Unterwäsche verarbeiten.

Du kannst Jersey mit einem elastischen Stich deiner Nähmaschine nähen, zum Beispiel einem schmalen Zickzackstich oder einem Dreifach-Geradstich. Aber auch die Overlock ist perfekt für die Verarbeitung des soften, dehnbaren Stoffs.

Verarbeitung: Jersey- oder Stretchnadel, Stärke 60–80

SWEAT

Etwas dicker und fester als Jersey, macht sich Sweat sehr gut, um daraus gemütliche und formstabile Jogginghosen zu zaubern. Es gibt aber unzählige verschiedene Verarbeitungsarten und Zusammensetzungen, die dem meist elastischen Stoff unterschiedliche Eigenschaften verleihen können.

Verarbeitung: Jersey- oder Stretchnadel, Stärke 70–90

Solltest du einen Sweatstoff verarbeiten, der weniger dehnbar ist, kann es passieren, dass sich das daraus zugeschnittene Bündchen nicht so schön anschmiegt. Nähe das Bauch- oder Saumbündchen in diesem Fall entweder aus einem farblich passenden Bündchenstoff. Oder du schneidest das Bündchen diagonal zum Fadenlauf zu. Das erhöht die Dehnbarkeit eines eher unelastischen Sweatstoffs.

ROMANIT

Ein schwerer, dehnbarer Stoff mit glattem Fall und fester Wirkstruktur. Bestens geeignet für Hosen aller Art. Romanit bietet sich aufgrund seines edlen Looks ausgesprochen gut für Büro-Outfits an, die gleichzeitig lässig und bequem sind.

Verarbeitung: Jersey- oder Stretchnadel, Stärke 70–90

BÜNDCHENSTOFF

Bündchenstoffe werden meist als Schlauchware, aber auch als Meterware verkauft. Üblicherweise verwendet man den Stoff am Bund oder Saum.

Verarbeitung: Jersey- oder Stretchnadel, Stärke 70–90

Du kannst den Stoff vorab waschen, aufs Bügeln solltest du aber verzichten, weil die gerippte Wirkware sonst ausleiert.
Du kannst auch ganze Kleidungsstücke aus Bündchenware nähen.

VERARBEITUNG unterschiedlicher Stoffe

Nähprojekte gelingen immer dann besonders gut, wenn sie den Eigenschaften der verwendeten Stoffe Rechnung tragen. Deshalb schauen wir uns als Nächstes an, wie die verschiedenen Materialien verarbeitet werden und was du dabei beachten solltest.

Gewirkte Stoffe mit der Nähmaschine verarbeiten

Stoffe wie Jersey, French Terry oder Sweat werden gewirkt, also auf großen Industriestrickmaschinen gestrickt. Das macht sie dehnbar. Du kannst dehnbare Stoffe sehr gut mit einem elastischen Stich deiner Nähmaschine oder mit der Overlock nähen. Die Overlock ist gerade für elastische Stoffe super, weil sie schöne dehnbare Nähte erzeugt, die das fertige Teil auch von innen picobello aussehen lassen. Perfekt ist eine Kombination aus Overlock und Nähmaschine. In einigen Anleitungen in diesem Buch verwende ich beide Maschinen. Aber keine Sorge: Eine Nähmaschine erledigt den Job tadellos, wenn du ein paar Punkte beachtest.

NÄHMASCHINENNADEL: Setze zum Nähen elastischer Stoffe eine Nähmaschinennadel ein, die zum Stoff passt. Eine Jersey- oder Stretchnadel ist zum Beispiel toll, wenn du Jersey verarbeiten möchtest. Für feine, sehr dehnbare Stoffe wie Lycra oder Funktionsjersey (z. B. für Top Sisco) kannst du auch eine Microtex-Nadel verwenden.

NÄHFUSS: Ein Obertransportfuß unterstützt deine Nähmaschine dabei, den Stoff gleichmäßig zu transportieren. Dadurch werden die Nähte gleichmäßiger und sehen schöner aus.

NÄHFUSSDRUCK UND FADENSPANNUNG: Jede Nähmaschine näht anders – deine auch. Deshalb ist es sinnvoll, die Einstellungen der Nähmaschine zu testen, bevor es ans eigentliche Projekt geht. Probiere unterschiedliche Maschineneinstellungen an einem Stück des Stoffes, den du verarbeiten möchtest, aus. Du wirst vielleicht erstaunt sein, was für einen Unterschied eine leicht gelockerte Fadenspannung oder ein veränderter Nähfußdruck machen können.

NÄHGARN: Hochwertiges Nähgarn ist das A und O beim Nähen. Ist das Nähgarn flusig, glanzlos und ungleichmäßig gezwirnt, heißt es: Finger weg! Gutes Garn kostet nicht die Welt und erspart dir den Anblick gerissener oder welliger Nähte.

NÄHTE FÜR ELASTISCHE STOFFE: Wenn du mit der Nähmaschine statt mit der Overlock nähst, sollten die Stiche dehnbar sein. Das ist wichtig, damit die Nähte „mitgehen" können, also sich mit der Elastizität des Stoffes mitbewegen. Sonst kann es passieren, dass die Nähte zu sehr unter Spannung geraten und reißen. Perfekt zum Zusammennähen von Stoffteilen ist zum Beispiel ein schmaler Zickzackstich (Stichlänge 2–2,5 mm, Strichbreite 1–1,5 mm). Zum Absteppen von Säumen kannst du eine Zwillingsnadel verwenden. Oder du probierst einen Dreifach-Zickzackstich, einen Dreifach-Geradstich oder einen hübschen elastischen Zierstich. Erlaubt ist, was gefällt.

Schaff dir ein Näh-Journal an und klebe kleine Stücke der Stoffe, die du verarbeitet hast, hinein. Dazu notierst du dir die Nähmaschineneinstellungen, die am besten funktioniert haben. Dann bleibt die perfekte Naht kein einmaliges Ereignis, sondern lässt sich (für maximales Nähglück) immer wiederholen. Ein solches Näh-Journal gibt es übrigens von SewSimple.

Gewebte Stoffe verarbeiten

So toll eine Overlock ist: Zum dauerhaften Zusammennähen von gewebten Stoffen wie Baumwoll-Popeline, Leinen oder anderen unelastischen Stoffen eignet sie sich nur dann, wenn du vor die Overlocknaht eine Stütznaht mit der Nähmaschine setzt. Dann allerdings ist die Naht nicht nur fantastisch versäubert, sondern auch sehr haltbar.
Du kannst auch, wie ich es in der ein oder anderen Anleitung zeige, zuerst die Stoffkanten mit der Overlock versäubern und anschließend mit der Nähmaschine zusammennähen. Das hat den Vorteil, dass du die Nahtzugaben auseinanderbügeln und damit schön flach halten kannst.

NÄHMASCHINENNADEL: Gewebte Stoffe lassen sich sehr gut mit einer Universalnadel in der entsprechenden Stoffstärke verarbeiten. Hast du eine feste, sehr stabile Webware wie Denim oder Canvas in Arbeit, lohnt sich der Griff zu einer Jeansnadel. Und wenn du es besonders ernst meinst mit dem Nähspaß, kannst du zum Absteppen eine Steppnadel verwenden, mit der du die weltschönsten Steppnähte produzierst.

NÄHFUSS: Ein ganz normaler Zickzackfuß ist die beste Wahl für die Verarbeitung von Webware, weil er sowohl Geradstiche als auch Zickzackstiche zum Versäubern ermöglicht.

NÄHFUSSDRUCK UND FADENSPANNUNG: Teste verschiedene Varianten an Stoffresten. Für die Modelle in diesem Buch ist eine mittlere Einstellung für die meisten Maschinen perfekt.

NÄHTE FÜR GEWEBTE STOFFE: Zum Zusammennähen von Schnittteilen aus Webware bietet sich ein Geradstich mit mittlerer Stichlänge von 2,5 mm an. Zum Absteppen und Säumen machen etwas größere Stichlängen von 3–3,5 mm besonders gleichmäßige Nähte.

Probiere zum Feststeppen von Belegen am Oberstoff die Zierstiche aus, die deine Nähmaschine kann. Ob dezent Ton in Ton oder in einem auffälligen Kontrast – mit schönen Ziernähten sorgst du für einen Extra-Hingucker.

BEVOR *du mit dem Nähen* STARTEST

- Wasche den Stoff nach den Pflegehinweisen des Herstellers, und zwar mit derselben Temperatur, die du auch für das fertige Kleidungsstück wählen würdest. Wenn du einen Stoff verarbeitest, den du als fertiges Stück chemisch reinigen lassen möchtest, ist das Vorwaschen nicht nötig.
- Nach dem Trocknen solltest du den Stoff sorgfältig bügeln. Glatter Stoff kann viel akkurater geschnitten und vernäht werden. Beim Bügeln kannst du den Stoff auch gleich auf Webfehler oder Farbabweichungen überprüfen und diese Stellen beim Zuschneiden gegebenenfalls aussparen.
- Lege alle Materialien bereit und lies dir die Anleitung komplett durch. Du kannst dir vorab auch das Nähvideo anschauen, das gibt viel Sicherheit.
- Kopiere das Schnittmuster in der richtigen Größe. Weil mehrere Schnitte auf einem Schnittbogen übereinander abgebildet sind, kann es hilfreich sein, die benötigten Schnittlinien mit einem farbigen Stift nachzuziehen, damit du sie durch das Kopierpapier gut erkennen kannst.
- Übertrage beim Kopieren auch die Markierungen und Passzeichen, und beschrifte ebenfalls die Stoffbrüche der Schnittteile.
- Schneide den Stoff mithilfe des Schnittmusters aus und übertrage die Markierungen und Passzeichen vom Schnittmuster auf den Stoff.
- Es hat sich bewährt, aus preisgünstigem Stoff ein Probemodell der jeweiligen Hose zu nähen. Das gibt Auskunft über Sitz und Passform und zeigt, wo Anpassungen notwendig sind.
- Bevor du dich ans Säumen der fertigen Hose machst, testest du am besten bei einer Anprobe, ob die Länge okay ist. Falls die Hose zu lang ist, kannst du sie jetzt noch etwas kürzen oder den Saum eine wenig mehr umschlagen.

MASSTABELLEN

Alle Angaben in cm.

BREE Seite 12

Größe	32	34	36	38	40	42	44	46	48	50	52	54	56	58	60
1/2 Taillenweite gedehnt	39	41	43	45	47	49	51	54	57	60	63	66	69	72	75
1/2 Taillenweite entspannt	35,1	36,9	38,7	40,5	42,3	44,1	45,9	48,6	51,3	54	56,7	59,4	62,1	64,8	67,5
1/2 Hüftweite	44,5	46,5	48,5	50,5	52,5	54,5	56,5	59,5	62,5	65,5	68,5	71,1	73,6	76,1	78,6
1/2 Oberschenkelweite	28	29,2	30,3	31,5	32,6	33,8	34,9	36,6	38,2	39,9	41,5	43,2	44,7	46,2	47,7
1/2 Saumweite	15,5	16,5	17,5	18,5	19,5	20,5	21,5	22,5	23,5	24,5	25,5	26,5	27,5	28,5	29,5
Seitenlänge	92,7	93,2	93,7	94,2	94,7	95,2	95,7	96,2	96,7	97,2	97,7	98,2	98,7	99,3	99,8
Bundhöhe	6	6	6	6	6	6	6	6	6	6	6	6	6	6	6

MAVIS Seite 56

Größe	32	34	36	38	40	42	44	46	48	50	52	54	56	58	60
1/2 Taillenweite gedehnt	30	32	34	36	38	40	42	45	48	51	54	57	60	63	66
1/2 Taillenweite entspannt	27	28,8	30,6	32,4	34,2	36	37,8	40,5	43,2	45,9	48,6	51,3	54	56,7	59,4
1/2 Hüftweite	35,7	37,7	39,7	41,7	43,7	45,7	47,7	50,7	53,7	56,7	59,7	62,2	64,8	67,3	69,8
1/2 Oberschenkelweite	22,9	24	25,1	26,2	27,4	28,5	29,7	31,4	33,1	34,8	36,6	38,3	40	41,7	43,4
1/2 Saumweite • Radler	20,5	21,5	22,5	23,5	24,7	25,8	27	28,5	30	31,5	33,1	34,6	36,1	37,5	39,1
• Caprihose	12,8	13,6	14,3	15,1	16	17	17,9	18,9	19,8	20,7	21,7	22,6	23,6	24,5	25,5
• lange Hose	9,8	10,5	11,2	12	12,8	13,5	14,2	15	15,8	16,5	17,2	18	18,8	19,5	20,2
Seitenlänge inkl. Passe • Radler	32,6	33	33,3	33,6	34	34,4	34,8	35,4	36	36,6	37,3	37,8	38,4	39	39,6
• Caprihose	65,2	65,5	65,9	66,2	66,6	67	67,4	68,1	68,7	69,3	70	70,6	71,2	71,8	72,4
• lange Hose	91,2	91,6	91,9	92,2	92,6	93,1	93,5	94,1	94,8	95,4	96,1	96,7	97,3	97,9	98,5

AWA Seite 38

Größe	32	34	36	38	40	42	44	46	48	50	52	54	56	58	60
1/2 Taillenweite gedehnt	34,5	36,5	38,5	40,5	42,5	44,5	46,5	49,5	52,5	55,5	58,5	61,5	64,5	67,5	70,5
1/2 Taillenweite entspannt	31,1	32,9	34,7	36,5	38,2	40	41,8	44,5	47,2	49,9	52,6	55,3	58	60,7	63,4
1/2 Hüftweite	43,1	45,1	47,1	49,1	51,1	53,1	55,1	58,1	61,1	64,1	67,1	69,7	72,2	74,7	77,2
1/2 Oberschenkelweite	53,8	56	58,3	60,6	62,9	65,2	67,5	70,9	74,4	77,8	81,3	84,7	88,2	91,7	95,1
1/2 Saumweite	23,5	25	26,5	28	29,5	31	32,5	34	35,5	37	38,5	40	41,5	43	44,5
Seitenlänge ohne Bund	89,2	89,8	90,3	90,8	91,4	91,9	92,4	93	93,5	94,1	94,6	95,2	95,7	96,2	96,8
Bundhöhe	4,5	4,5	4,5	4,5	4,5	4,5	4,5	4,5	4,5	4,5	4,5	4,5	4,5	4,5	4,5

BRID Seite 46

Größe	32	34	36	38	40	42	44	46	48	50	52	54	56	58	60
1/2 Taillenweite	41	43	45	47	49	51	53	56	59	62	65	68	71	74	77
1/2 Hüftweite	47,3	49,3	51,3	53,3	55,3	57,3	59,3	62,3	65,3	68,3	71,3	74,3	77,3	80,3	83,3
1/2 Oberschenkelweite	27,6	28,7	29,9	31	32,1	33,2	34,3	35,9	37,4	38,9	40,5	42	43,5	45	46,6
1/2 Saumweite • kurz	25,2	26,3	27,3	28,4	29,5	30,5	31,6	33,1	34,6	36,1	37,6	39,1	40,6	42,1	43,7
• lang	16	17	18	19	20	21	22	23,5	25	26,5	28	29,5	31	32,5	34
Seitenlänge	99,6	99,8	100	100,2	100,4	100,6	100,8	101	101,2	101,4	101,6	101,8	102	102,2	102,4
Innenbeinlänge	72,6	72,6	72,7	72,7	72,7	72,7	72,7	72,8	72,8	72,8	72,8	72,8	72,9	72,9	72,9

RUMI Seite 62

Größe	32	34	36	38	40	42	44	46	48	50	52	54	56	58	60
1/2 Taillenweite	39	41	43	45	47	49	51	54	57	60	63	66	69	72	75
1/2 Hüftweite	53,8	55,9	57,9	60	62,1	64,1	66,2	69,3	72,3	75,4	78,4	81	83,6	86,2	88,7
1/2 Oberschenkelweite	34,2	35,4	36,5	37,7	38,8	40	41,1	42,8	44,5	46,2	47,9	49,5	51,1	52,7	54,3
1/2 Saumweite	28	29	30	31	32	33	34	35	36	37	38	39	40	41	42
Seitenlänge	93,4	93,9	94,4	94,9	95,4	96	96,5	96,9	97,5	98	98,5	98,9	99,4	99,9	100,4
Innenbeinlänge	63,2	63,2	63,2	63,2	63,2	63,2	63,2	63,2	63,2	63,2	63,2	63,2	63,2	63,2	63,2

KIAN Seite 22

Größe	32	34	36	38	40	42	44	46	48	50	52	54	56	58	60
1/2 Taillenweite	30	32	34	36	38	40	42	45	48	51	54	57	60	63	66
1/2 Hüftweite	44,5	46,5	48,5	50,5	52,5	54,5	56,5	59,5	62,5	65,6	68,6	71,1	73,6	76,1	78,6
1/2 Oberschenkelweite	29,3	30,4	31,5	32,7	33,8	34,9	36,1	37,8	39,5	41,1	42,8	44,5	46,3	48,1	49,9
1/2 Saumweite	11,8	12,5	13,2	14	14,8	15,5	16,2	17	17,8	18,5	19,2	20	20,8	21,5	22,2
Seitenlänge	96,8	97,1	97,4	97,8	98,2	98,6	99,1	99,7	100,3	101	101,6	102,2	102,8	103,4	104,1

YANIS Seite 30

Größe	32	34	36	38	40	42	44	46	48	50	52	54	56	58	60
1/2 Taillenweite	32	34	36	38	40	42	44	47	50	53	56	59	62	65	68
1/2 Hüftweite	42,2	44,2	46,3	48,3	50,3	52,2	54,3	57,3	60,3	63,2	66,2	68,8	71,3	73,8	76,3
1/2 Oberschenkelweite	26,9	28	29,1	30,3	31,4	32,6	33,7	35,4	37	38,7	40,4	42,1	43,7	45,4	47,1
1/2 Saumweite	25,5	26,5	27,5	28,5	29,5	30,5	31,5	32,5	33,5	34,5	35,5	36,5	37,5	38,5	39,5
Seitenlänge	100	100,5	101	101,5	102	102,5	103	103,5	104	104,6	105,1	105,6	106,1	106,7	107,2

EDLIN Seite 74

Größe	32	34	36	38	40	42	44	46	48	50	52	54	56	58	60
1/2 Taillenweite	34	36	38	40	42	44	46	49	52	55	58	61	64	67	70
1/2 Hüftweite	43	45	47,1	49,1	51,2	53,2	55,3	58,3	61,3	64,4	67,4	70	72,6	75,1	77,7
1/2 Oberschenkelweite	29,8	31	32,1	33,3	34,4	35,6	36,7	38,4	40,2	41,9	43,6	45,4	47,1	48,8	50,5
1/2 Saumweite	15,3	16	16,8	17,5	18,3	19	19,8	20,5	21,3	22	22,8	23,5	24,3	25	25,8
Seitenlänge ohne Bund	92,8	93,3	93,8	94,3	94,8	95,4	95,9	96,4	96,9	97,4	97,9	98,4	98,9	99,4	99,9
Innenbeinlänge	71,1	71,1	71,1	71,2	71,2	71,2	71,2	71,2	71,3	71,3	71,4	71,5	71,5	71,6	71,6
Bundhöhe	4,5	4,5	4,5	4,5	4,5	4,5	4,5	4,5	4,5	4,5	4,5	4,5	4,5	4,5	4,5

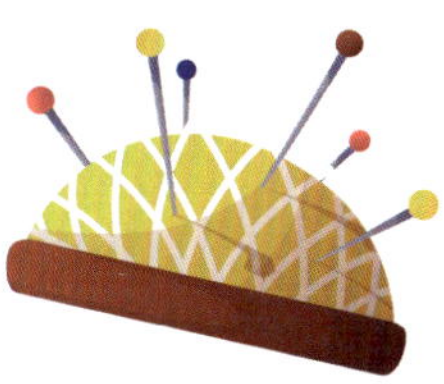

Alle Angaben in cm.

Noch mehr Titel von Sabine von SewSimple für Nähbegeisterte:

ISBN 978-3-7724-4880-5

ISBN 978-3-7358-7011-7

ISBN 978-3-7358-7010-0

ISBN 978-3-7358-7037-7

Weitere Ideen zum Nähen gesucht ...

ISBN 978-3-7358-7052-0

ISBN 978-3-7358-7046-9

ISBN 978-3-7358-7044-5

ISBN 978-3-7724-4841-6

ISBN 978-3-7724-4835-5

ISBN 978-3-7358-7028-5

ISBN 978-3-7358-7022-3

ISBN 978-3-7358-7005-6

ISBN 978-3-7724-4831-7

Noch mehr Kreativ-Bücher findest du auf www.TOPP-kreativ.de

Sabine Schmidt ist Autorin, Bloggerin, Podcasterin und Modemacherin. Auf ihrem Blog SewSimple feiert Sabine mit Schnittmustern, Anleitungen, Know-how und Onlinekursen ihre Leidenschaft fürs Nähen und stiftet damit auch viele andere zu kreativen Projekten an. Über Social Media erreichen ihre humorvollen und informativen Videos, Tipps und Nähtricks täglich unzählige Nähfans. Seit 2016 steht SewSimple für verständliche Anleitungen, rasante Schnittmuster und maximales Nähglück.

DANKE

Mein besonderer Dank geht an meine SewSimple-Kolleginnen Simone Fuchs-Schulz, Evelyn Straßburg-Rückert und Birgit Kühr, die mich bei den Vorbereitungen zu diesem Buch tatkräftig unterstützt haben. Und die es sich auch während der Entstehung dieses Buches nicht haben nehmen lassen, unsere Blog-Leser:innen ständig mit neuen Näh-Ideen zu elektrisieren.
Vielen Dank weiterhin an das gesamte Team von SewSimple für die Unterstützung während der Arbeiten an diesem Buch. Beim Aussuchen der Namen für die Modelle in diesem Buch haben mich Katinka und Maxim tatkräftig unterstützt. Danke, ihr Lieben!
Herzlichen Dank an Bettina Gritz und Lena Danielzik von Schnittstelle Hamburg, die mit viel Herzblut und Know-how die zauberhaften Schnittmuster für dieses Buch erstellt haben.
Vielen Dank sage ich an dieser Stelle auch an meine fabelhafte Fotografin Susanna Kolmos sowie an Jens Wittenburg vom Atelier43 in Ratzeburg, in dessen Fotostudio ein Teil der Bilder in diesem Buch entstanden ist, sowie an die Teams von Stoffe Hemmers, Swafing, Hilco und das Nähcafé am Wasserturm, die mich bei diesem Buchprojekt mit Materialien unterstützt haben.

FÜR MAMA, PAPA UND MEAT LOAF. REST IN PEACE.